Alfred Pohler

Blumen in den Alpen

Blühende Kleinodien
des Alpengebietes

136 Farbaufnahmen

Alpina Offset-Druckerei
Innsbruck

Türkenbundlilie im Komperdell, Tirol

Alle Aufnahmen, Texte und Zeichnungen vom Verfasser

Printed in Austria by Alpina Offset, Innsbruck 12/89

ISBN 3-9010-3900-7

1. Auflage: Oktober 1976
2. Auflage: 1977
3. Auflage: 1979
4. Auflage: 1985
5. Auflage: 1989

Umschlagseite vorne:
Edelweiß, Lechtaler Wetterspitze, Lechtal, Tirol

VORWORT

Alpenblumen, blühende Kleinodien unserer Heimat, prachtvolle Wunderwerke, Geschöpfe Gottes, die wohl in jedem Bergfreund ehrfürchtiges Staunen hervorrufen – eine Augenweide für alle der Schönheit aufgeschlossenen Menschen!
Wieviel abwechslungsreicher und dem Betrachter zum nachhaltigen Erlebnis werden doch unsere Spaziergänge und Bergwanderungen durch die Blumen.
Die Alpen mit ihrer Flora sind nicht zufällig zum beliebtesten Erholungsgebiet des Kontinents geworden. Der „Dachgarten Europas", wie die Alpen von Begeisterten auch liebevoll genannt werden, ist Anziehungspunkt für den Menschen, der das Ungewöhnliche und Schöne sucht.
Wie alle Lebewesen sind auch Pflanzen und Blumen besonders von Sonneneinstrahlung und klimatischen Gegebenheiten abhängig. Diese Lebensbedingungen, beeinflußt von der geographischen Lage, führen zu unterschiedlicher Verbreitung der Blumen.
Von zauberhaft mit Blumen übersäten Wiesen bis zu seltenen, wertvollen Exemplaren bietet sich dem Beschauer eine verschwenderische Fülle.
Dem botanisch wenig Bewanderten und Laien soll durch dieses Büchlein das Bestimmen einzelner Blumen erleichtert werden. Zugleich will es aber allen Interessierten den Reichtum an diesen kleinen Kostbarkeiten unserer Heimat offenbaren.
Neben den Aufnahmen von Märchenwiesen aus unterschiedlichen Höhenlagen sind über 120 der schönsten Alpenblumen an ihrem natürlichen Standort abgebildet. Ohne Rangordnung wurde aus dem mannigfaltigen Angebot ein kleiner Teil der vielfältigen heimischen Flora ausgewählt und familienweise sowie alphabetisch geordnet.
Die Legenden zu den Abbildungen sind bewußt kurz gehalten und umfassen nur wichtige Hinweise und Bestimmungsmerkmale.

Die Korrektur der Beschreibungen wurde von Herrn Univ.-Prof. Doktor Herbert Reisigl vom Institut für systematische Botanik der Universität Innsbruck besorgt.
Ausführung und Format des Buches sind so gewählt, daß es den Wanderer zum Mitnehmen auffordert. Auf zahlreiche großformatige Abbildungen wurde Bedacht genommen.
Viele der abgebildeten Alpenblumen gehören zu den Kostbarkeiten unserer Heimat, die in ihrem Bestand ernsthaft gefährdet sind.
Zu ihrem Schutz wurden Gesetze und Verordnungen erlassen, deren Zielsetzung die Erhaltung dieser Blumen für unsere Mitmenschen und Nachkommen ist. Auf die besonders vom Aussterben bedrohten Arten wird bei den Abbildungen hingewiesen, jedoch sind grundsätzlich alle Alpenblumen unserer Heimat schutzbedürftig und sollen nicht sinnlos und in großen Mengen gepflückt werden.

Reutte 1989 Alfred Pohler

Blumenwiese mit der Ortschaft Kelmen an der Knittelkarspitze, Tirol

ROSTBLÄTTRIGE ALPENROSE

Rhododendron ferrugineum

Familie:	Heidekrautgewächse – Ericaceae
Kleinstrauch:	20–100 cm hoch, ästig verzweigt, Zweige rund, holzig, braun–grau, kahl, beblättert, winterfest
Blätter:	kurzgestielt oder sitzend, lanzettlich – elliptisch, ganzrandig, oben grün, glänzend, Unterseite mit rostbraunen Drüsenschuppen bedeckt, nur junge Blättchen auch unten grün! wechselständig, winterhart
Blüten:	in dichten Doldentrauben an den Zweigenden, Blütenkronen trichterförmig – glockig mit fünf stumpfen Zipfeln, leuchtend rot, wenige weiße Staubblättchen, angenehm duftend! Kelch fünfzipfelig, spitz, anliegend, grün
Blütezeit:	Juni–August (je nach Höhenlage)
Standort:	1500–3000 m, kalkarme, humusreiche Böden, Bergwiesen, Almen, Zwergstrauchheiden, Krummholzfluren, lichte Wälder, Felsblockfluren ziemlich häufig! örtlich reiche Bestände
Verbreitung:	Alpen, Pyrenäen, nördlicher Apennin

ZWERG-ALPENROSE

Rhodothamnus chamaecistus

Familie:	Heidekrautgewächse – Ericaceae
	Sträuchlein bis 25 cm hoch, aufsteigend, verzweigt, Zweige verholzt, dicht beblättert
Blätter:	myrtenähnlich, eilanzettlich spitz, am Rande bewimpert, wintergrün
Blüten:	vielfach zu zweit, langgestielt, radförmig, ausgebreitete Krone, zartrosa bis rosa, zehn Staubblätter mit purpur bis braunen Staubbeuteln
Blütezeit:	Mai–Juni
Standort:	800–2400 m, Felsbänder, schattige Geröllhalden nicht häufig!
Verbreitung:	Nord- und Ostalpen, Dolomiten

ALPENVEILCHEN

Cyclamen purpurascens

Familie:	Primelgewächse – Primulaceae
Stengel:	bis 20 cm hoch, aufrecht oder leicht gebogen, rund, zart, kahl, braunrot, blattlos (Knollenpflanze)
Blätter:	grundständig, gestielt, groß, nieren- oder herzförmig, leicht gezähnt, matt – grün, silbrig gezeichnet, Unterseite karminrot, rosettig am Boden
Blüten:	endständig, einzeln, nickend, fünf länglich – eiförmige Kronblätter, aufwärtsgebogen, hellrosa bis karminrot, angenehm duftend, Fruchtkapsel wird vom spiralig gebogenen Stengel in den Boden gezogen!
Blütezeit:	Juli–September
Standort:	700–2000 m, kalkhaltige, steinige Böden, Wiesenhänge, lichte Auwälder, Stauden – und Waldrand nicht häufig! örtlich größere Bestände, in vielen Gebieten völlig fehlend
Verbreitung:	Alpen, Karpaten, Illyrien

ALPEN-AZALEE

Loiseleuria procumbens

Familie:	Heidekrautgewächse – Ericaceae
	Zwergsträuchlein mit niederliegenden, stark verzweigten Ästchen, Stämmchen bis 45 cm lang, knorrig, holzig, rund, dicht beblättert
Blätter:	gegenständig, klein, linealisch, am Rande umgerollt, dunkelgrün, glänzend, immergrün
Blüten:	endständige Doldentrauben, rosa bis dunkelrot, 5spaltiger Kelch, Krone hellrosa, glockig, mit 5 Kronzipfeln, Knospen eiförmig purpurrot
Blütezeit:	Mai–August
Standort:	1500–3000 m, kalkmeidend, bewachsene Grate, Zwergstrauchheiden, an Felsen, Moränenhänge, auf Schieferhalden, teilweise rasenartig oder polsterbildend häufig!
Verbreitung:	Alpen

ALPEN-BERUFSKRAUT

Erigeron alpinus

Familie:	Korbblütlergewächse – Compositae
Stengel:	10–35 cm hoch, verzweigt, beblättert, behaart, rotbraun
Blätter:	länglich-lanzettlich, grundständige Blätter, länglich-verkehrt eiförmig
Blüten:	halbkugelige Blütenköpfchen, kleiner als die Alpenaster, rotgelb bis purpurn, schmale, lineale Zungenblüten, lineal-lanzettliche, rauhhaarige Hüllblätter
Blütezeit:	Juli–September
Standort:	1700–2800 m, sonnige Wiesen und Almen, Felsnischen, Felsbänder, lichte Wälder; nicht häufig!
Verbreitung:	Alpen, Pyrenäen, Zentral-Apennin

EINBLÜTIGES BERUFKRAUT

Erigon uniflorus

Familie:	Korbblütler – Asteraceae
Stengel:	4–10 cm hoch, aufrecht, relativ stark, behaart, beblättert, grün bis bräunlich
Blätter:	grundständig, verkehrt eiförmig, stumpf, zum Stiel verschmälert, ganzrandig, grün, Stengelblätter sitzend, lanzettlich, ganzrandig grün
Blüten:	endständiges Köpfchen, ca. 1–2,5 cm im Durchmesser, Zungenblüten schmallineal, blaßrosa bis hellviolett, Röhrenblüten im Blütenmittel gelb und wesentlich kürzer als die umgebenden Zungenblüten; Kelchblättchen lanzettlich, dicht wollig behaart, grün
Blütezeit:	Juli–September
Standort:	1400–3600 m, kalkarme, steinige Böden, auf Schiefergestein, Felsspalten, Vorsprünge, Grate, felsige Abhänge, ruhender Feinschutt nicht häufig!
Verbreitung:	Alpen, Apennin, Norwegen

WOLL-KRATZDISTEL

Cirsium eriophorum

Familie:	Korbblütler – Asteraceae
Stengel:	40–160 cm hoch, staudenartig und verzweigt, stark, kantig, grün, graufilzig, mit einzelnen dornigen Blättern
Blätter:	langfiederig, sitzend, dornig, unterseits weiß – wollig, lanzettliches Blattende mit kräftigem Stacheldorn, grau – grün
Blüten:	endständige, kräftige Blütenköpfe an den Zweigen, 4–7 cm im Durchmesser, Röhrenblütchen rosa bis hellpurpurn, Körbchen Unterseite mit sehr spitzen Hüllblättchen besetzt, grau – grün, weiß – wollig, spinnwebenartig behaart
Blütezeit:	Juli–September
Standort:	1000–2000 m, auf kalkhaltigen Böden, steinige Bergwiesen, sonnige Halden und Weiden, in Legföhrenlichtungen und Bergwaldrand eher selten!
Verbreitung:	Alpen, Pyrenäen, Apennin

GRAUER ALPENDOST

Adenostyles alliariane

Familie:	Korbblütengewächse – Compositae
Stengel:	30–140 cm hoch, aufrecht, beblättert, grün – braun
Blätter:	ungleich groß, grob, sattgrün, netznervig, doppelt gesägt, herzförmig, untere Blätter gestielt, Blattunterseite graufilzig
Blüten:	zusammengesetzte Dolden, rosa bis rot, röhrenförmig mit herausragenden Griffeln, viele Einzelblüten zu Trugdolden vereint
Blütezeit:	Juli–Oktober
Standort:	900–2400 m, Bachufer, Moränen, Felsnischen, Legföhrengebüsch, Almwiesen, Hochstaudenfluren sehr häufig!
Verbreitung:	Alpen, Pyrenäen

DEUTSCHER ENZIAN

Gentianella germanica

Familie:	Enziangewächse – Gentianaceae
Stengel:	5–40 cm hoch, aufrecht, zart, rund, verzweigt, beblättert, grün – braun
Blätter:	grundständig, spatelförmig bis breit – lanzettlich, ganzrandig, parallelnervig, grün; Stengelblätter eiförmig – lanzettlich, sitzend, grün, braun – rot überlaufen
Blüten:	in dichter Traube, fünf Kronblätter, eiförmig – spitz, ausgebreitet, violett bis rosa, seltener weiß, Schlund bärtig, Blütenkelch trichterförmig – röhrig; Kelchblättchen lanzettlich, spitz, anliegend, grün – braun, Blattspitzen abstehend
Blütezeit:	Juni–Oktober
Standort:	bis 2800 m, steinige, magere Böden, warme, steinige Hänge, Bergwiesen, Weiden, Flachmoore zerstreut!
Verbreitung:	Alpen

GESCHÜTZT!

FELD-ENZIAN

Gentianella campestris

Familie:	Enziangewächse – Gentianaceae
Stengel:	5–15 cm hoch, aufrecht stehend, verzweigt, selten einfach, grün – braun, beblättert
Blätter:	Stengelblätter lanzettlich, spitz, gegenständig, grün, teils bräunlich überlaufen, fettglänzend
Blüten:	vierzählig, länglich eiförmig, mit bärtigem Schlund (violett – rosa), Kelch röhrig, aus zwei großen und zwei kleinen Kelchblättern bestehend, tief geteilt, an der Kronröhre anliegend
Blütezeit:	Juli–Oktober
Standort:	800–3000 m, kalkhaltige Böden, magere Wiesen, steinige Hänge, Weiden, Felsnischen, Geröllhalden häufig!
Verbreitung:	Alpen, Pyrenäen, Apennin, Island, Finnland

GESCHÜTZT!

PURPUR-ENZIAN

Gentiana purpurea

Familie:	Enziangewächse – Gentianaceae
Stengel:	30–70 cm hoch, rund, kahl, grün, oberhalb rotbraun, beblättert
Blätter:	gegenständig, eiförmig – spitz, die unteren Stengelblätter gestielt, die oberen sitzend, parallelnervig
Blüten:	am Stengelende und in den oberen Blattachseln, kopfig gehäuft, Einzelblüten kelchartig, außen purpurn, innen gelblich dunkel punktiert; Kelch einseitig aufgeschlitzt, Kronen oben glockig erweitert, aufrecht stehend; Hochblätter abstehend, breit lanzettlich
Blütezeit:	Juli–September
Standort:	1600–2400 m, kalkarme Böden, magere Weiden, Bergwiesen, Krummholzfluren; nicht häufig, eher selten!
Verbreitung:	Alpen, nördlicher Apennin, Südnorwegen

GESCHÜTZT!

DOLOMITEN-FINGERKRAUT

Potentilla nitida

Familie:	Rosengewächse – Rosaceae
Stengel:	3–6 cm hoch, niederliegend, behaart, beblättert, lichte, niedere Polster bildender, silbergraugrüner Strauch
Blätter:	grundständig, dreizählig, beidseitig silbergrau behaart, dadurch silbergrau schimmernd
Blüten:	Kronblätter rosa bis dunkelrosa, etwas dunkler rot geädert, breit, verkehrt eiförmig, ein bis zwei Blütenkronen, rote Staubgefäße weit aus dem Kronenmittel ragend, Staubbeutel gelb, purpur bis dunkelbraun umrandet
Blütezeit:	Juni–September
Standort:	1600–3000 m, auf Dolomit- und Kalkgestein, sonnige Felsbänder, Felsvorsprünge, Schutthalden ziemlich häufig!
Verbreitung:	Alpen (Dolomiten), Apennin

GESCHÜTZT!

ALPEN-HAUSWURZ

Sempervivum alpinum

Familie:	Dickblattgewächse – Crassulaceae
Stengel:	10–40 cm hoch, aufrecht beblättert, drüsig behaart
Blätter:	Blattrosetten bis 8 cm Durchmesser, Blätter dick-fleischig, grün mit bläulichem Schimmer, bewimpert, mit braunroter Stachelspitze; am Stengel aufrecht rötlich überlaufen
Blüten:	verzweigte, große Kronen, rosa bis blaßrot, etwas dunkler gestreift, lanzettliche Kronblätter, stehende Staubblätter, Griffel purpur
Blütezeit:	Juli–September
Standort:	1200–2400 m, basisch bis saure Böden, bewachsene Schotterablagerungen, Felsabsätze, Felsnischen, steile Matten
Verbreitung:	Alpen, Apennin

BERG-HAUSWURZ

Sempervivum montanum

Familie:	Dickblattgewächse – Crassulaceae
Stengel:	5–20 cm hoch, aufrecht, rund, stark, grün bis rötlichbraun, beblättert
Blätter:	kleine kugelige Rosette, Blättchen klein, rundlich, fleischig, hellgrün, mit kurzer roter Spitze, drüsig behaart; Stengelblättchen lanzettlich, fleischig, grüngelb, rötlich überlaufen, mit roten Spitzen, anliegend, herablaufend, schuppenartig am Stengel
Blüten:	eine bis drei endständig, 2–3 cm Durchmesser, 12 bis 16 Kronblättchen, lineal bis lanzettlich, sternförmig ausgebreitet, purpurn bis violettrot, Rand leicht heller, zahlreiche Staubblättchen, Fruchtknoten und Griffel zitronengelb
Blütezeit:	Juli–September
Standort:	1800–3200 m, auf kalkarmen Böden, Silikatgestein, steinige Bergwiesen, Zwergstrauchheiden, Grate, Felsblockfluren, zwischen Geröll häufig!
Verbreitung:	Alpen, Pyrenäen, Karpaten

GESCHÜTZT!

SPINNWEBEN-HAUSWURZ

Sempervivum arachnoideum

Familie:	Dickblattgewächse – Crassulaceae
Stengel:	4–25 cm hoch, aufrecht, stark, grün oder braunrot, schuppenartig beblättert
Blätter:	grundständige Rosetten, spatelig oder eiförmig, spitz, grün, oftmals rot überlaufen, zwischen den Blättchen spinnwollig behaart; Stengelblättchen wechselständig, lanzettlich, stumpf, fleischig, anliegend, grün oder braun – rot
Blüten:	meistens mehrere in endständiger Trugdolde, Krone ca. 20 mm Durchmesser, Einzelblättchen breit – lanzettlich, spitz, sternförmig ausgebreitet, rot bis rotviolett; Staubblätter aufsteigend, purpurn, vorne mit gelbem Blütenstaub
Blütezeit:	Juli–September
Standort:	1700–3200 m, kalkhaltige und saure Böden, Felsspalten, Blockhalden, an Felsblöcken eher selten!
Verbreitung:	Alpen, Apennin, Pyrenäen

GESCHÜTZT!

MÜCKEN-HÄNDELWURZ

Gymnadenia conopea

Familie:	Orchideengewächse – Orchidaceae
Stengel:	20–60 cm hoch, aufrecht, rund, kahl, grün, wenig beblättert, oben bräunlich
Blätter:	lang – lanzettlich, etwas fleischig, gekielt, grün, am Grunde scheidig; Stengelblättchen lineal – lanzettlich, spitz, wechselständig, sitzend, anliegend, hellgrün
Blüten:	bis fünfzig Einzelblütchen, ährig angeordnet, Lippe dreilappig, zwei seitliche Sepale, schmal – lineal, waagrecht abstehend, mittleres Sepal aufrecht, oval, Sporn sehr lang, schmal, spitz, abwärts gerichtet, rosa bis hellpurpurn, angenehm duftend
Blütezeit:	Mai–August
Standort:	bis 2500 m, kalkhaltige Böden, magere Wiesen, Weiden, feuchte und trockene Matten, Hänge häufig!
Verbreitung:	Alpen, Apennin, Pyrenäen, Norwegen

GESCHÜTZT!

WOHLRIECHENDE HÄNDELWURZ

Gymnadenia odoratissima

Familie:	Orchideengewächse – Orchidaceae
Stengel:	10–35 cm hoch, aufrecht, schlank, rund, oben kantig, kahl, hellgrün, beblättert
Blätter:	grundständig, lang-lineal, zugespitzt, gekielt, etwas fleischig, grün; Stengelblättchen wechselständig, schmal – lanzettlich, spitz, herablaufend, die oberen tragblättchenähnlich; Tragblättchen lanzettlich, spitz, ca. so lang wie der Fruchtknoten
Blüten:	in dichter, schlanker Ähre, walzlich angeordnet, Einzelblütchen etwas kleiner als bei der großen Händelwurz, äußere Blütenblätter (Sepalen) länglich paarig, abgerundet, seitlich abstehend, mittleres Blättchen hochgestellt, die zwei inneren Blütenblätter (Petalen) eiförmig, helmförmig zusammengeneigt; Lippe breit, dreilappig, Sporn kurz, fadenförmig, weiß oder leicht rosa, stark wohlriechend!
Blütezeit:	Mai–Juli
Standort:	bis 2100 m, vorwiegend auf kalkhaltigen, mageren Böden, Magerrasen, Wiesen, Weiden, Auen, Wald- und Gebüschrand, Lichtungen, Flachmoore, warme Bergwiesen nicht häufig! gesellig
Verbreitung:	Alpen, Apennin, Pyrenäen

GESCHÜTZT!

ALPEN-HECKENROSE

Rosa pendulina

Familie:	Rosengewächse – Rosaceae
	Niedriger Strauch, bis 1,5 m hoch, verzweigt, fast stachellos, holzige Stengel
Blätter:	kleine Zweige mit 5–7 Blättern, Einzelblätter wechselständig, herzförmig, blaugrün, gesägt
Blüten:	einzeln 5–7 cm Ø, 6–7 Blütenblätter, flach, verkehrt herzförmig, Staubblätter goldgelb, Kelchblätter lanzettlich spitz, Krone rosa bis hellpurpur. Frucht: Hagebutten
Blütezeit:	Juli–August
Standort:	1600–2600 m, kalkhaltige Böden, Felsbänder, Alpenrosen, Zwergwacholderbestände nicht häufig!
Verbreitung:	Alpen

HEILGLÖCKEL

Cortusa matthioli

Familie:	Primelgewächse – Primulaceae
Stengel:	15–25 cm hoch, aufrecht oder aufsteigend, zart, rund, grün – braun, behaart, blattlos
Blätter:	grundständig, groß, gestielt, rundlich, mehrlappig, stark gekerbt, geadert, behaart, grün
Blüten:	mehrblütige, hängende Dolde, Kronen trichterförmig – glockig, fünf Blütenzipfel, eiförmig, dunkelrot bis purpurn, nickend, gestielt; Kelchblättchen tief geschlitzt, grün, bogig abstehend, behaart
Blütezeit:	Juli–August
Standort:	1100–1800 m, nährstoffreiche Böden, feuchte Matten, an Felsen, Bachufer, Hochstauden, an Krummholzbeständen, halbschattige Stellen nicht häufig!
Verbreitung:	Alpen

BREITBLÄTTRIGES KNABENKRAUT

Orchis latifolia

Familie:	Knabenkräuter – Orchidaceae
Stengel:	15–35 cm hoch, aufrecht, stark, hohl, grün – braun, beblättert, engröhrig, markig
Blätter:	wechselständig, groß, lanzettlich, stengelumschließend, ganzrandig, rinnig, meist braun oder purpurn gefleckt, zum Stengelende kleiner werdend, sitzend
Blüten:	vielblütige, pyramidenförmige Ähre, Einzelblütchen mit seitlich abstehenden Blütenblättchen, Lippe breit, dreilappig, rosa bis hellpurpurn oder rotviolett, Sporn nach hinten, abwärts gerichtet
Blütezeit:	Mai–Juni
Standort:	800–1800 m, auf kalkhaltigen, mageren Böden, lehmig – feuchte Wiesen, Flachmoore, Almen, Weiden, Ufer- und Quellbereiche ziemlich häufig! gesellig
Verbreitung:	Alpen, Apennin, Pyrenäen

GESCHÜTZT!

KLEINES KNABENKRAUT

Orchis morio

Familie:	Knabenkräuter – Orchidaceae
Stengel:	12–25 cm, mit schmalen, umfassenden Blättchen, hellgrün
Blätter:	länglich lanzettlich, ungefleckt, leicht längsgefaltet
Blüten:	lockere Ähre, bis 20 Blüten, purpurviolett, 5 Blütenblätter helmartig ausgebildet, breite, dreilappige Lippe, kurzer Sporn horizontal oder aufwärts gerichtet
Blütezeit:	April–Juni
Standort:	600–1700 m, feuchte, magere Böden, bevorzugt ungenutzte Wiesen nicht selten!
Verbreitung:	Lechtaler und Allgäuer Alpen, Alpen, Pyrenäen

GESCHÜTZT!

HOLUNDER KNABENKRAUT

Dactylorhiza sambucina

Familie:	Knabenkräuter – Orchidaceae
Stengel:	10–25 cm hoch, aufrecht, kräftig, rund, schwach gefurcht, hohl, kahl, grün, beblättert
Blätter:	grundständig, breit – lanzettlich, parallelnervig, gekielt, ganzrandig, grün, ungefurcht, herablaufend; Tragblätter etwas länger als die Blüten, lanzettlich, spitz, gelb oder rot (entsprechend der Blütenfarbe), aufrecht stehend
Blüten:	in kurzer, walzlicher Ähre, Einzelblüten ca. 15 mm lang, Perigonblättchen oben helmartig zusammengeneigt, Unterlippe breit, dreilappig, fleischrot bis purpurn, Schlund gelblich, rot gepunktet (gelbe Blüten mit roten Punkten), Lippe wellig, gekerbt; Sporn nach unten gebogen, schwach duftend! öfters beide Arten am gleichen Standort
Blütezeit:	Mai–Juni
Standort:	bis 1800 m, auf kalkarmen Böden, sonnige Bergwiesen, warme Matten, Weiden, Almen, bewachsene Grate, Krummholzfluren, lichte Wälder selten!
Verbreitung:	Alpen, Apennin, Pyrenäen

GESCHÜTZT!

HELM-KNABENKRAUT

Orchis militaris

Familie:	Knabenkräuter – Orchidaceae
Stengel:	20–50 cm hoch, aufrecht, stark, kahl, grün, oben braunrot überlaufen, schwach kantig
Blätter:	grundständig, länglich elliptisch, am Grunde scheidig, etwas fleischig, hellgrün
Blüten:	dichte, pyramidenförmige oder walzliche Ähre, die fünf oberen Blütenblätter helmförmig zusammenneigend, außen blaßrosa, etwas aschgrau angehaucht, innen dunkler gestreift, äußere Hüllblätter spitz, innere linealisch spitz, etwas kürzer als die äußeren Hüllblätter, hellrote Lippe, mit purpurnen Malen, schmal-lineale kurze Seitenlappen, langer Mittellappen, vorne in zwei Zipfel geteilt, im Mittel der Zipfel ein Zähnchen
Blütezeit:	Mai–Juni
Standort:	bis 1800 m, auf kalkhaltigen, trockenen Böden und moorigem nassem Grund, nährstoffarme Wiesen, Bergwiesen, Waldlichtungen
Verbreitung:	Alpen, Apennin, Pyrenäen

GESCHÜTZT!

MÄNNLICHES KNABENKRAUT

Orchis mascula

Familie:	Knabenkräuter – Orchidaceae
Stengel:	20–60 cm hoch, aufrecht, stark, rund, grün – braun, beblättert, kahl, unverzweigt, meist hohl
Blätter:	grundständig, breit – lanzettlich, gekielt, leicht fleischig, grün, ungefleckt, Stengelblättchen wechselständig, lanzettlich, herablaufend, parallelnervig, Tragblättchen lanzettlich, anliegend, violettrot
Blüten:	in walzlicher Ähre, Einzelblütchen 12–15 mm lang, äußere Hüllblätter (Sepalen) geschwungen, Rand gewellt, hochgeschlagen, innere Hüllblätter (Petalen) über dem Säulchen zusammengeneigt, Lippe dreilappig, gekerbt und gewellt, violettrot oder hellrosa, Sporn waagrecht oder aufwärts gerichtet, gleich lang wie der Fruchtknoten
Blütezeit:	Mai–August
Standort:	800–1800 m, kalkhaltige und saure Böden, steinige Wiesen, Weiden, Auen, Sumpfwiesen, Matten, Bergwiesen nicht häufig!
Verbreitung:	Alpen, Apennin, Pyrenäen

GESCHÜTZT!

ROTES KOHLRÖSCHEN

Nigritella miniata

Familie:	Knabenkräuter – Orchidaceae
Stengel:	5–15 cm hoch, aufrecht, rund, leicht gefurcht etwas kräftiger als beim schwarzen Kohlröschen, grün, beblättert
Blätter:	linealisch – lanzettlich, grasartig, spitz, grün; Stengelblättchen sitzend, lanzettlich, sehr spitz, teilweise herablaufend, anliegend, wechselständig
Blüten:	zylindrisch – kugeliges, dichtblütiges Köpfchen, Einzelblütchen mit schwach ausgebreiteten Perigonblättchen, Lippe aufwärts zeigend, am Grunde verjüngt, kurzer Sporn, leuchtend rot bis hellpurpurn, stark, angenehm duftend!
Blütezeit:	Juni–August
Standort:	1400–2200 m, besonders auf kalkhaltigen, sonnigen Böden, steinige Matten, Bergwiesen, Almen, hochgelegene Weiden, Hänge und bewachsene Grate ziemlich selten! gesellig, örtlich kleinere Bestände
Verbreitung:	Alpen (Dolomiten, Südalpen, nördliche Kalkalpen) Jura, Karpaten

GESCHÜTZT!

SCHWARZES KOHLRÖSCHEN

Nigritella nigra

Familie:	Knabenkräuter – Orchidaceae
Stengel:	5–20 cm hoch, aufrecht, rund, leicht gefurcht, grün, zart, beblättert
Blätter:	linealisch – lanzettlich, rinnig, spitz, grasartig, grün, ganzrandig; Stengelblättchen lanzettlich, sehr spitz, sitzend oder herablaufend, grün, anliegend
Blüten:	in pyramidenförmig – runden, dichtblütigen Köpfchen (kürzer als beim roten Kohlröschen), Einzelblütchen braun bis dunkelweinrot, schmale, ausgebreitete Perigonblättchen, aufwärts weisende Lippe, am Grunde verjüngt, Sporn kurz, stark, angenehm duftend!
Blütezeit:	Juni–August
Standort:	1400–2400 m, sonnige, warme Bergwiesen, Almen, Matten, bewachsene Grate, nicht häufig! gesellig!
Verbreitung:	Alpen, Apennin, Pyrenäen, Norwegen

GESCHÜTZT!

BERG-KÜCHENSCHELLE

Pulsatilla montana

Familie:	Hahnenfußgewächse – Ranunculaceae
Stengel:	6–20 cm hoch, aufrecht oder bogig aufsteigend, rund, grün – graubraun, stark, beblättert, grauwollig behaart
Blätter:	grundständig, dreifach fiederspaltig mit linealen Zipfeln, grün, behaart, zur Blütezeit noch nicht voll entwickelt! Hochblattquirl unter der Blüte mit zahlreichen schmalen Abschnitten, grün, grau – flaumig behaart
Blüten:	einzeln, endständig, aufrecht oder leicht nikkend, sechs Kronblätter, eiförmig, ausgerandet, glockig, zeitweilig sternförmig ausgebreitet, dunkel – weinrot bis dunkelviolett, zahlreiche Staubblättchen umgeben die Fruchtknoten mit den langen violetten Narben
Blütezeit:	März–Mai
Standort:	400–2000 m, kalkreiche Böden, warme, steppenartige Wiesen, Lichtungen, lichte Föhrenwälder eher selten! gesellig
Verbreitung:	Alpen, Osteuropa

GESCHÜTZT!

GEFLECKTE KUCKUCKSBLUME

Dactylorhiza maculata

Familie:	Knabenkräuter – Orchidaceae
Stengel:	15–60 cm hoch, aufrecht, schlank, rund, riefig, grün, beblättert
Blätter:	die grundständigen breit – lanzettlich, spitz, fleischig, grün, dunkelbraun gefleckt; Stengelblätter wechselständig, herablaufend, lanzettlich, spitz, gekielt
Blüten:	in dichter, walzlicher Ähre, Einzelblütchen 10–15 mm lang, seitliche Blütenblätter schmal, abstehend; Lippe breit, dreilappig, hellrosa mit purpurnen Flecken; Sporn schmal, lang, abwärts gerichtet, Fruchtknoten gedreht
Blütezeit:	Mai–Juni
Standort:	bis 2300 m, auf unterschiedlichen Böden, Magerrasen, Auen, Wiesen, Flachmoore, lichte Wälder, Bachufer nicht häufig! gesellig, örtlich größere Bestände
Verbreitung:	Alpen, Apennin, Pyrenäen, Norwegen (fast ganz Europa)

GESCHÜTZT!

KERNERS-LÄUSEKRAUT

Pedicularis kerneri

Familie:	Rachenblütler – Scophulariaceae
Stengel:	5–15 cm, bogig aufsteigend, schlank, grün, oben rötlich überlaufen, behaart, wenig beblätterte, unverzweigte Sprosse
Blätter:	grundständig, gestielt, lineal – lanzettlich, grün, einfach gefiedert, mit kurzen Zähnen, oftmals rotbraun oder purpurfarben überlaufen, rund
Blüten:	wenige in lockerer Traube, aus den Achseln der Tragblättchen, Krone groß, ca. 20 mm Durchmesser, fünfspaltig, rosa bis hellpurpurn; Oberlippe etwas dunkler, bogig aufsteigend, an der Spitze abgeschnitten, schnabelähnlich! Unterlippe kahl, ganzrandig; Kelch röhrig, braunrot, mit kleinen, spitzigen Zipfeln
Blütezeit:	Juni–September
Standort:	1800–3200 m, auf kalkarmen Böden, vorwiegend auf Silikatgestein, Bergwiesen, bewachsene Grate, Felsbänder, Schuttfluren, steinige Weiden nicht häufig!
Verbreitung:	Alpen, Pyrenäen (Zentralalpen von Salzburg bis in die Westalpen)

STENGELLOSES LEIMKRAUT

Silene acaulis

Familie:	Nelkengewächse – Caryophyllaceae
Stengel:	sehr kurz, unverzweigt, flache Polster bildend, dichtgedrängte, zarte Stengelchen, rund, grün, beblättert
Blätter:	gegenständig, klein, schmal – lanzettlich, spitz, zahlreich, grün, bewimpert
Blüten:	endständig, einzeln, 6–10 mm Durchmesser, fünf Kronblättchen, eiförmig – länglich, stumpf, leicht ausgerandet, rosa bis purpurn, Schlund weißlich mit gelben Staubblättchen, teilweise große flache Polster bildend
Blütezeit:	Juni–August
Standort:	1600–3200 m, auf überwachsenen, steinigen Böden, grasige Felsvorsprünge, Berggrate, warme, sonnige Bergwiesen, Felsblöcke ziemlich häufig!
Verbreitung:	Alpen, Apennin, Pyrenäen, Norwegen

GESCHÜTZT!

FEUERLILIE

Lilium bulbiferum

Familie:	Liliengewächse – Liliaceae
Stengel:	20–50 (100) cm hoch, aufrecht, stark, rund, grün, behaart, beblättert
Blätter:	wechselständig, lanzettlich bis lineal, sitzend, ganzrandig, grün, in den Blattachseln nicht selten erbsengroße Brutzwiebelchen
Blüten:	endständig, einzeln oder in Dolde bis fünf große, kelchförmige Blüten, aufrecht, Kronblätter eiförmig, zum Grunde verschmälert, feuerrot, teilweise mit braunen Schuppen, Krondurchmesser 6–12 cm; Griffel mit Narbe stark, leicht gebogen, Staubblätter lang, braun oder purpurn, kurzgestielt
Blütezeit:	Juni–Juli
Standort:	800–1600 m, auf kalkhaltigen, lehmigen Böden, sonnige, warme Bergwiesen, Halden, steinige Hänge, Schutthalden, Waldrand, Felsbänder selten! örtlich größere Bestände, gebietsweise völlig fehlend
Verbreitung:	Alpen, Apennin (Dolomiten, nördliche Kalkalpen, Seealpen)

GESCHÜTZT!

TÜRKENBUND-LILIE

Lilium martagon

Familie:	Liliengewächse – Liliaceae
Stengel:	30–100 cm hoch, aufrecht, stark, rund, grün, beblättert
Blätter:	quirlständig, länglich bis breit – lanzettlich, sattgrün, parallelnervig; obere Stengelblätter auch wechselständig, klein, lanzettlich – spitz, grün
Blüten:	in lockerer Traube, gestielt, hängend, Perigonblätter lang, lanzettlich, turbanartig zurückgeschlagen, rosa – purpurn, braunrot punktiert; lange, geschwungene Staubfäden mit ockerfarbenen Staubgefäßen um den Griffel; nachts stark duftend!
Blütezeit:	Juli–August
Standort:	1400–2200 m, kalkhaltige Böden, Bergwiesen, überwachsene Geröllhalden, Weiden, Waldrand nicht häufig!
Verbreitung:	Alpen, Pyrenäen, Apennin

GÄNZLICH GESCHÜTZT!

GLETSCHER-MANNSSCHILD – ALPEN

Androsace alpina

Familie:	Primelgewächse – Primulaceae
Stengel:	Zwergstaude, kleinere lockere Polster oder flache Rasen bildend, Stielchen 2–5 cm hoch, rund, grün, beblättert
Blätter:	rosettenartig an den Stielchen, 2–8 mm lang, lanzettlich bis lineal, grün, sehr dicht stehend, sternhaarig, flaumig
Blüten:	an kurzen Stielchen, Krone 7–9 mm im Durchmesser, fünf Kronblättchen verkehrt eiförmig, rosa bis weiß mit gelbem Schlund, Blüten einzeln, endständig
Blütezeit:	Juli–August
Standort:	2200–4200 m, auf ruhendem, eher feuchtem Silikat- und Schieferfeinschutt, Moränen, Grate, Felsbänder eher selten! örtlich kleinere Bestände, gebietsweise völlig fehlend
Verbreitung:	Alpen

GESCHÜTZT!

ALPEN-NELKE

Dianthus alpinus

Familie:	Nelkengewächse – Caryophyllaceae
Stengel:	5–15 cm hoch, aufrecht, zart, rund, grün, kahl, beblättert, polsterbildende Pflanze
Blätter:	länglich schmal, ca. 3–5 cm breit, am Stengel gegenständig, sitzend, ganzrandig, oberseits glänzend, Blätter der Blattrosette schmal – lanzettlich, unterschiedlich lang
Blüten:	endständig, einzeln, groß ca. 2–3 cm im Durchmesser, fünf Kronblätter, verkehrt herzförmig, flach ausgebreitet, gezähnt, purpurn, am Schlund heller mit Rand aus dunkleren Punkten; Kelch verwachsen, kahl, am Grunde mit braunroten Schuppen
Blütezeit:	Juni–August
Standort:	900–2400 m, auf kalk- und nährstoffreichen Böden, warme, steinige Bergwiesen, Matten, alpine Rasen nicht häufig! gebietsweise völlig fehlend!
Verbreitung:	Alpen (nördliche und südliche Kalkketten der Ostalpen)

GESCHÜTZT!

ELISABETH-NELKE

Silene elisabetha

Familie:	Nelkengewächse – Caryophyllaceae
Stengel:	6–20 cm lang, aufrecht oder bogig aufsteigend, verzweigt, stark, rund, unten grün, oben braun, behaart, beblättert, kleine Rosettenstaude
Blätter:	Grundblätter schmal – lanzettlich, ca. 5–8 cm lang und 1 cm breit, ganzrandig, schwach behaart; Stengelblätter paarweise und wesentlich kleiner, grün
Blüten:	endständig, einzeln an langen Stielen, nickend, groß 3–4 cm im Durchmesser, Kronblätter verkehrt herzförmig, zum Grunde stark verschmälert, purpurrot; Kelch röhrig – glockig, bis 2 cm lang, rotbraun, drüsig; Staubblätter weißlich – gelb
Blütezeit:	Juli–August
Standort:	1200–2000 m, auf kalkreichen Unterlagen, an Felsen, warme, feuchte Felsspalten, auf Schutt, an Felsblöcken und Geröll selten!
Verbreitung:	Alpen (Südalpen)

GESCHÜTZT!

ALPEN-FEDERNELKE

Dianthus monspessulanus

Familie:	Nelkengewächse – Caryophyllaceae
Stengel:	12–25 cm hoch, aufrecht oder hängend, sehr zart, rund, kahl, grün, ästig verzweigt, beblättert
Blätter:	gegenständig, lanzettlich – lineal, spitz, grasartig, sitzend, grün, zum Stengelende kleiner werdend, steif abstehend
Blüten:	endständig, einzeln, bis 3 cm im Durchmesser, fünf Kronblätter, flach ausgebreitet, tief eingeschnitten, federig, rosa bis blaßrosa, etwas dunkler geadert, Schlund weißlich, dunkelrot gepunktet, Staubblätter groß, weinrot; Kelch lang, dünn, grün, rot überlaufen, Zipfel anliegend, schwacher Nelkenduft!
Blütezeit:	Juli–September
Standort:	1900–2400 m, auf kalkhaltigen, steinigen Böden, überwachsenes Geröll, Blockhalden, Felsbänder, alpine Matten selten!
Verbreitung:	Alpen (Ost- und Südalpen), Balkan

GESCHÜTZT!

GLETSCHER-NELKE

Dianthus glacialis

Familie:	Nelkengewächse – Caryophyllaceae
Stengel:	3–8 cm hoch, aufrecht, zart, rund, grün, beblättert, kleine polsterbildende Pflanze
Blätter:	Grundblätter rosettig, dicht, schmal – lineal, grasartig, grün, stumpf; Stengelblätter gegenständig, teilweise kleiner, heller grün, spitz; Grundblätter teilweise länger als die Stengel samt Blüte
Blüten:	endständig, einzeln an den kurzen Stengeln, strahlig, fünf Kronblätter, verkehrt herzförmig, breit, vorne fein gezähnt, ausgebreitet, hellpurpurn; Staubblätter klein, gelb; Kelch kahl, zwei bis vier Schuppen, grün, spitz
Blütezeit:	Juli–September
Standort:	1800–2900 m, auf kalkhaltigen Unterlagen, Steinrasen, bewachsene Grate, Felsbänder, auf Felsen, Schutthalden, Matten, Geröll nicht häufig! gebietsweise völlig fehlend!
Verbreitung:	Alpen, Karpaten (Zentral- und Ostalpen)

STEIN-NELKE

Dianthus sylvestris

Familie:	Nelkengewächse – Caryophyllaceae
Stengel:	10–25 cm lang, aufrecht oder hängend, rund zart, kahl, grün, beblättert, einzeln stehend oder in Büscheln aus einem Wurzelstock
Blätter:	grundständig, rosettig, schmal – lineal, spitz, grün, grasartig; Stengelblättchen gegenständig, nadelartig, gekielt, nur wenige am Stengel
Blüten:	einzeln, endständig (seltener bis vier Blüten mit langen Stielchen), 20–25 mm Durchmesser, fünf Kronblätter, verkehrt eiförmig, gezähnt, rosa bis hellpurpurn, wenige weiße Staubblättchen; Kelchröhre lang, schlank, zylindrisch, grün, teilweise rötlich überlaufen, leicht angenehm duftend!
Blütezeit:	Juni–August
Standort:	1000–2600 m, auf Kalk- und Silikatgestein, warme Bergwiesen, Felsbänder, bewachsene Grate, überwachsene Geröllhalden, Felsspalten nicht häufig! örtlich kleinere Bestände
Verbreitung:	Alpen, Apennin, Pyrenäen, Jura, Balkan

GESCHÜTZT!

FLIEGEN-ORCHIS

Ophrys insectifera

Familie:	Orchideengewächse – Orchidaceae
Stengel:	15–35 cm hoch, aufrecht, stark, rund, kahl, hellgrün, beblättert
Blätter:	die grundständigen verkehrt eiförmig, länglich, spitz, gekielt, fleischig, grün; Stengelblättchen länglich, linealisch, sitzend, nicht abstehend, hellgrün
Blüten:	in wenigblütiger Ähre, Einzelblütchen 12–20 mm lang, äußere Blütenblätter länglich – eiförmig, stumpf, die paarigen seitlich abstehend, das mittlere aufrecht, innere Blütenblätter lang, schmal, rot – braun (fühlerartig), schräg aufwärts zeigend; Lippe langgestreckt, dreilappig, Mittellappen unten breiter, tief eingebuchtet, Seitenlappen kurz, rundlich, schräg abwärts gerichtet, samtig behaart, rotbraun, mit grauviolettem Mal, Säulchen aufrecht, kurz, kopfartig, Blütenform fliegenartig!
Blütezeit:	April–Juni
Standort:	800–1700 m, auf kalkhaltigen, steinigen Böden, magere Wiesen, Weiden, Auen, Bergwiesen, oftmals gesellig mit Maiglöckchen sehr selten!
Verbreitung:	Alpen

GESCHÜTZT!

PFINGSTROSE

Paeonia officinalis

Familie:	Hahnenfußgewächse – Ranunculaceae
Stengel:	50–90 cm hoch, aufrecht oder aufsteigend, rund, stark, grün, kahl, beblättert, unverzweigt
Blätter:	sehr groß, bis zu 30 cm lang und bis zu 20 cm breit, dreiteilig, tief eingeschnitten, mit mehrfach gefiederten Abschnitten, Einzellappen lanzettlich oder länglich – eiförmig, spitz, oberseits grün, unterseits graugrün, ganzrandig, behaart, gestielt
Blüten:	einzeln, endständig, bis 8 cm im Durchmesser, fünf bis acht, große Kronblätter, leuchtend rosa oder tiefrot, breit – eiförmig bis kugelig, ausgerandet, zahlreiche Staubblätter, goldgelb; Kelchblätter lanzettlich, spitz, ausgebreitet, abstehend, grün oder rot
Blütezeit:	Mai–Juni
Standort:	bis 1800 m, auf Kalk- oder Dolomitgestein, steinige Bergwiesen, warme Matten, Steineichen- und Flaumeichengebüsche, trockene Hänge, gerne gemeinsam mit Ginster selten! nur in wenigen Gebieten
Verbreitung:	Alpen, Zentral-Apennin (Südalpen, nur vereinzelt in den Nordalpen)

BEHAARTE PRIMEL

Primula hirsuta

Familie:	Primelgewächse – Primulaceae
Stengel:	2–7 cm hoch, aufrecht oder hängend, rund, grün, beblättert, drüsig behaart
Blätter:	grundständig, rosettig, verkehrt eiförmig bis rundlich, leicht gekerbt, fleischig, drüsig behaart
Blüten:	kurz, gestielt, mehrblütige Dolde, Einzelblüten 12–20 mm im Durchmesser, fünf Kronblätter, verkehrt herzförmig, teilweise Lappen gerandet, leuchtend rosa, flach ausgebreitet, Schlundring weißlich; Kelch glockenförmig, fünfzählig, anliegend, grün
Blütezeit:	Mai–Juni
Standort:	1200–3200 m, auf Silikat- und Schiefergestein, Gratfluren, an Felsen, feuchte Tälchen selten! örtlich größere Bestände
Verbreitung:	Alpen, Pyrenäen

GESCHÜTZT!

CLUSIUS PRIMEL

Primula clusiana

Familie:	Primelgewächse – Primulaceae
Stengel:	2–5 cm hoch, aufrecht, rund, stark, kahl, grün, drüsig
Blätter:	rosettig, länglich – oval, spitz, ganzrandig, knorpelig, Rand drüsig, grün, oberseits fettig glänzend, unten grau – grün, 2–4 cm lang
Blüten:	zwei bis fünf in lockerer Dolde, 2,5–3 cm Durchmesser, fünf Kronblättchen, verkehrt eiförmig, bis zur Hälfte tief eingekerbt, ausgebreitet, rosa bis hellpurpurn, Schlund weißlich, Blütenkelch halbglockig; fünf Kelchblättchen, anliegend, rötlich, drüsig
Blütezeit:	Mai–Juni
Standort:	1600–2300 m, auf kalkreichen Böden, Feinschutthalden, Schneetälchen, Felsspalten, feuchtere Grate eher selten bis zerstreut!
Verbreitung:	Alpen (endemisch nur in den Ostalpen)

LANGBLÜTIGE PRIMEL

Primula halleri

Familie:	Primelgewächse – Primulaceae
Stengel:	8–20 cm hoch, aufrecht, rund, grün, leicht mehlig angehaucht, blattlos
Blätter:	grundständig, rosettig, länglich – spatelig, spitz, in den Stiel verjüngt, grün, Rand knorpelig, fleischig, leicht runzelig, unterseits mehlbestäubt
Blüten:	in lockerer Dolde, Blütenkronen 10–15 mm Durchmesser, fünf Kronblätter, herzförmig, tief eingeschnitten, flach ausgebreitet, rosa bis trübviolett, Schlundring gelb, Kronröhre wesentlich länger als bei der Mehlprimel! Kelchlänge ca. 1/3 der Kronröhre, anliegend, grün, mehlig bestäubt
Blütezeit:	Juni–Juli
Standort:	1700–2500 m, auf basischen Böden, Bergwiesen, Almen, steinige Matten, Weiden, Bürstlingrasen nicht häufig!
Verbreitung:	Alpen, Balkan, Karpaten, Kaukasus

GESCHÜTZT!

PRACHT-PRIMEL

Primula spectabilis

Familie:	Primelgewächse – Primulaceae
Stengel:	5–12 cm hoch, aufrecht oder aufsteigend, rund grün, kahl
Blätter:	grundständig, eiförmig – länglich, 6–9 cm lang, 2–4 cm breit, grün, glänzend, knorpeliger Rand, teilweise ausgerandet, sitzend
Blüten:	in lockerer Dolde, Einzelblüten kelchartig, Krone 10–18 mm Durchmesser, fünf Kronblätter, verkehrt eiförmig bis herzförmig, rosa, Schlund weißlich oder hellrosa, Kelchröhre 8–12 mm lang; Kelch fünfzipfelig, schmallanzettlich, grün, anliegend
Blütezeit:	Mai–August
Standort:	700–2200 m, auf kalk- und humusreichen Böden, warme halbschattige Matten, alpine Rasen, Felsbänder, Bergwiesen selten! örtlich größere Bestände
Verbreitung:	Alpen (Südalpen, Felsgebiete und Bergwiesen um den Gardasee)

GESCHÜTZT!

ZWERG-PRIMEL

Primula minima

Familie:	Primelgewächse – Primulaceae
Stengel:	1–4 cm hoch, aufrecht oder hängend, rund, zart grün
Blätter:	rosettig, eiförmig – rundlich, grob gezähnt, knorpelig, grün, glänzend, tütenartig ineinandergerollt, innere Blättchen eher breit – keilförmig
Blüten:	eine bis zwei, endständig, 25–30 mm im Durchmesser, fünf Kronblättchen, herzförmig, tief eingeschnitten, Lappen ganzrandig, leuchtend rot, Schlund weiß, ausgebreitet, drüsig behaart, Kelch zylindrisch – röhrig, grün, rot überlaufen
Blütezeit:	Juni–Juli
Standort:	1600–3000 m, kalkarme, etwas feuchte Böden, steinige Bergwiesen, an Felsen, bewachsene Grate, Heidekrautfluren, zerstreut! örtlich größere Bestände
Verbreitung:	Alpen (Ostalpen und Dolomiten)

SEIDELBAST

Daphne mezereum

Familie:	Seidelbastgewächse – Thymelaeceae
Stengel:	20–140 cm hoch, aufrechter Strauch, verzweigt, holzig, zur Blütezeit selten beblättert
Blätter:	meist nach der Blüte, verkehrt – lanzettlich, grün, endständig angehäuft
Blüten:	häufig 3 Blüten in den Wickeln am Zweig, Krone mit 4 Blütenzipfeln, Kelch kurz, rosarot, stark angenehm duftend
Früchte:	Am Zweigende ährig angeordnete leuchtend rote Scheinbeeren, bis erbsengroß
Blütezeit:	Februar bis August entsprechend der Höhenlage, gleich nach der Schneeschmelze
Standort:	bis 2700 m, gemischte Böden, Bachrand, lichte Wälder, Auen, Hecken, Staudengebiete, Weiden, Blockhalden
Verbreitung:	Alpen

SCHACHBLUME

Fritillaria meleagris

Familie:	Liliengewächse – Liliaceae
Stengel:	15–35 cm hoch, aufrecht, zart, dünn, rund, grün, beblättert
Blätter:	wenige wechselständig, bis 15 cm lang, lineal, grasartig, rinnig, grün
Blüten:	endständig, nickend, groß, bis 3,5 cm lang, bauchig – glockig, einzeln, seltener zwei am Stengel, geruchlos, Blütenblätter eiförmig, schachbrettartig gezeichnet, purpur bis bräunlich mit helleren Feldern
Blütezeit:	April–Mai
Standort:	bis 900 m, auf sumpfigen Wiesen, nasse – sonnige Hänge, feuchte Bergwiesen selten! örtlich kleinere, auffällige Bestände
Verbreitung:	Alpen (Südalpen und Seealpen), Nordwestdeutschland, Bayern, Württemberg

GESCHÜTZT!

KERNERS SCHMUCKBLUME (Monte Baldo)

Callianthemum kerneranum

Familie:	Hahnenfußgewächse – Ranunculaceae
Stengel:	3–6 cm lang, niederliegend oder aufsteigend, rund, zart, grün, beblättert, staudenartig
Blätter:	gestielt, handförmig, fein gefiedert, dunkelgrün, obere Stengelblättchen sitzend, graugrün
Blüten:	einzeln, endständig, 20–30 mm Durchmesser, sechs bis zwölf Kronblättchen, länglich – oval, stumpf, mattweiß, rosa überlaufen, zahlreiche Staubblättchen, goldgelb
Blütezeit:	April–Mai
Standort:	1700–2200 m, auf Dolomitgestein, Bergwiesen, bewachsene Grate, an Felsen, alpine Rasen selten!
Verbreitung:	Alpen (nur am Monte Baldo) endemisch

GESCHÜTZT!

ROTER STEINBRECH

Saxifraga oppositifolia

Familie:	Steinbrechgewächse – Saxifragaceae
Stengel:	5–20 mm hoch, aufsteigend aus kriechenden Trieben, rund, zart, verzweigt, teilweise polsterartig, grün oder braun, beblättert
Blätter:	rosettig, ganz klein, eiförmig spitz, grün; Stengelblättchen gegenständig, schmal – eiförmig bis oval, spitz, grau – grün, gewimpert, ganzrandig
Blüten:	endständig, einzeln, 8–12 mm Durchmesser, fünf Kronblättchen, breit – oval oder eiförmig, ganzrandig, dunkelrosa bis hell – weinrot; Kelch glockig, rot; Kelchblättchen klein anliegend, grün; Staubblättchen purpurn auf bräunlichen Stielchen, Griffel goldgelb
Blütezeit:	Juni–August
Standort:	1800–3800 m, auf Kalk- und Silikatgestein, Felsspalten, Felsgrate, Moränen, ruhender Gesteinsschutt ziemlich selten!
Verbreitung:	Alpen, Apennin, Pyrenäen, Norwegen

GESCHÜTZT!

STEINRÖSCHEN

Daphne striata

Familie:	Seidelbastgewächse – Thymelaeaceae
	Zwergstrauch, 5–35 cm hoch, niederliegend oder aufsteigend, Zweige ästig, kahl, teilweise holzig, rund, braun – grün, beblättert
Blätter:	linealisch – spatelig, stumpf, 15–20 mm lang, 2–5 mm breit, ganzrandig, lederig, immergrün, an den Zweigenden dicht angeordnet, teilweise quirlig
Blüten:	in endständigen, dichten Dolden, Einzelblüten 6–8 mm Durchmesser, vier Kronzipfel, schmal – eiförmig, am Grunde verwachsen, hellrot bis hellpurpurn; Blütenkelch kurz, walzlich, rot, stark wohlriechend
Blütezeit:	Mai–August
Standort:	1500–2700 m, auf kalkhaltigen Böden, steinige Halden, an Felsen, Blockhalden, Zwergstrauchfluren, Krummholzrand, warme, windgeschützte Grate verbreitet!
Verbreitung:	Alpen (nördliche Kalkalpen, Dolomiten)

GESCHÜTZT!

RUNDBLÄTTRIGES TÄSCHELKRAUT

Thlaspi rotundifolium

Familie:	Kreuzblütengewächse – Cruciferae
Stengel:	3–15 cm lang, niederliegend bis aufsteigend, zart, rund, grün – braun, beblättert, polsterartig – rasig
Blätter:	grundständig, rosettig, eiförmig – spatelig, klein, grün, ganzrandig; Stengelblättchen wechselständig, kurz gestielt oder sitzend, eher rundlich, hellgrün
Blüten:	in reichblütiger Dolde, Einzelblüten mit vier Kronblättchen, eiförmig – rundlich, rosa bis blaßviolett, vier Staubblättchen, gelb, kurz gestielt; Kelch klein, anliegend, grün
Blütezeit:	Juli–September
Standort:	1500–3400 m, kalkhaltige Böden, Feinschutt, Geröllhalden, Moränen nicht häufig!
Verbreitung:	Alpen, Apennin (nördliche Kalkalpen, Dolomiten)

SCHOPFIGE TEUFELSKRALLE

Physoplexis comosa

Familie:	Glockenblumengewächse – Campanulaceae
Stengel:	3–15 cm lang, meistens hängend, rund, zart, beblättert, grün, seltener aufrecht oder aufsteigend
Blätter:	rosettig, lanzettlich bis spatelförmig, grob gesägt, gestielt, grün, 4–10 cm lang, 1,5–3 cm breit; Stengelblätter breit – lanzettlich, in den Stiel verschmälert, ungleich grob gesägt, grün, glänzend, 5–10 cm lang, 2–3 cm breit
Blüten:	bis zu 20 längliche Einzelblütchen bilden eine Scheindolde, Einzelblüte gestielt, aufgeblasener Grund, nach oben röhrenartig, konisch verjüngt, langer Spitz mit gebogenem Sporn, hellrosa bis hellviolett; Blütenspitze dunkelviolett bis braunrot, zwei Griffel mit spiralig gebogenen Narben aus den konischen Spornen ragend
Blütezeit:	Juli–August (September)
Standort:	bis 2700 m, auf Kalk- und Dolomitgestein, kleinste Felsspalten, Felsvorsprünge, an Felsüberhängen, Felsblöcke selten!
Verbreitung:	Alpen (Südalpen, Dolomiten)

GESCHÜTZT!

ROTES WALDVÖGLEIN

Cephalanthera rubra

Familie:	Orchideengewächse – Orchidaceae
Stengel:	20–50 cm hoch, aufrecht, rund, stark, grün, beblättert, seltener verzweigt
Blätter:	wechselständig, lanzettlich, etwas fleischig, gekielt, grün, stengelumfassend, stumpfe Spitze, abstehend, eingerandet, parallelnervig
Blüten:	in lockerer Ähre, 10–25 Einzelblüten, Perigonblätter nur teilweise geöffnet, Lippe ungeteilt, spitz, rosa bis rotviolett, ohne Honigsporn, gedrehter Blütenstiel ist der Fruchtknoten, die oberen Perigonblätter 15–20 mm lang, tagsüber bei warmer Witterung geöffnet und leicht abstehend
Blütezeit:	Mai–Juli
Standort:	800–1400 m, kalkhaltige, lockere Böden, steinige Bergwiesen, Wald- und Gebüschrand, halbschattige Laub- und Mischwälder, Lichtungen eher selten!
Verbreitung:	Alpen, Pyrenäen

GESCHÜTZT!

Sumpfdotterblumenwiese auf der Seiser Alm
mit Schlern und Sandterspitze, Südtirol

SCHWEFELGELBE ANEMONE

Pulsatilla apiifolia

Familie:	Hahnenfußgewächse – Ranunculaceae
Stengel:	15–40 cm hoch, aufrecht, stark, rund, grün – braun, behaart, beblättert
Blätter:	grundständig, gestielt, dreiteilig, fein gefiedert, grün; zur Blütezeit noch in Entwicklung oder nur teilweise vorhanden, drei Stengelblätter, dreiteilig, gefiedert, in Zweidrittel Stengelhöhe sitzend, behaart
Blüten:	endständig, einzeln, sehr groß, 50–60 mm Durchmesser, meist sechs Kronblätter, eiförmig, leicht ausgerandet, schwefelgelb, außen zartviolett, leicht behaart, zahlreiche Staubblättchen, schwefelgelb Fruchtstand: bartiges Schöpfchen aus vielen wollig-behaarten Griffeln (Flugorgane)
Blütezeit:	Mai–Juli
Standort:	1700–3000 m, vorwiegend auf Silikat- und Schieferböden, Bergwiesen, Feinschutthalden, bewachsene Grate selten! gebietsweise große Bestände
Verbreitung:	Alpen

GESCHÜTZT!

ARNIKA

Arnica montana

Familie:	Korbblütler – Asteraceae
Stengel:	20–60 cm hoch, aufrecht, rund, grün, stark behaart, öfters oben bräunlich, beblättert, teilweise oben verzweigt
Blätter:	grundständig, rosettig, meist zwei Blattpaare, sitzend, eiförmig – länglich, ganzrandig, parallelnervig, grün, behaart; Stengelblätter eiförmig, sitzend, lanzettlich, spitz, gegenständig
Blüten:	in endständigen Körbchen, nicht selten zwei oder drei an Stielchen, 4–7 cm Durchmesser, innen Röhrenblütchen, außen Zungenblütchen lang – lineal, Zipfel stumpf, leuchtend gelb; Fruchtknoten kurz, zylindrisch, grün, behaart, Hüllblättchen lanzettlich spitz; stark aromatisch duftend!
Blütezeit:	Juni–August
Standort:	800–2500 m, auf Kalk- Mergelböden, aber auch auf sauren, moorigen Wiesen, Bergwiesen, Almen, Weiden, Zwergstrauchheiden, Matten, Lichtungen, Hochmähder
Verbreitung:	Alpen, Nord-Apennin, Pyrenäen

AURIKEL

Primula auricula

Familie:	Primelgewächse – Primulaceae
Stengel:	5–25 cm hoch, aufrecht, rund, stark, hohl, blattlos, grün, mehlig bestäubt
Blätter:	in grundständiger Rosette, verkehrt eiförmig, ausgerandet, fleischig, grün, mehlig bestäubt
Blüten:	in endständiger, vielblütiger Dolde, Einzelblütchen kelchförmig, Kronsaum ausgebreitet, fünf Kronzipfel, eiförmig – rundlich, schwach eingebuchtet, goldgelb, innen weißer Saum, mehlbestäubt, angenehm duftend!
Blütezeit:	April–Juni
Standort:	900–2600 m, auf Kalk-, Dolomit- und Silikatgestein, an Felsen, steinige Bergwiesen, Felsbänder, Grate und Schluchten ziemlich häufig!
Verbreitung:	Alpen, Apennin

GESCHÜTZT!

ECHTE EDELRAUTE

Artemisia mutellina

Familie:	Korbblütengewächse – Asteraceae
Stengel:	8–25 cm hoch, aufrecht oder aufsteigend, schwach beblättert, seidig behaart, zart, rotbraun bis graugrün, mehrere aus einem Stock
Blätter:	gestielt, fiederteilig, bis fünf fingerartige Einzelblättchen, seidig behaart, silberglänzend, gestielt, intensiver Wermutgeruch!
Blüten:	Köpfchen kugelig, aufrecht, in Rispen oder Ähren, goldgelb, Hüllblättchen silberglänzend, filzig, Blütenköpfchen ca. 5–6 mm Durchmesser
Blütezeit:	Juli–September
Standort:	1700–3600 m, auf Kalk-, Schiefer- und Silikatgestein, Felsspalten, oftmals so extrem wie das Edelweiß; nicht selten gesellig mit Steinnelke und Edelweiß selten!
Verbreitung:	Alpen, Pyrenäen, Nord-Apennin

GÄNZLICH GESCHÜTZT!

GELBER EISENHUT

Aconitum lamarckii

Familie:	Hahnenfußgewächse – Ranunculaceae
Stengel:	50–140 cm hoch, aufrecht, rund, teils kantig, schlank, grün, behaart, beblättert, meistens mehrere aus einem Wurzelstock
Blätter:	grundständig, langgestielt, handförmig, tief eingeschnitten, teilweise fiederteilig, grün, behaart; Stengelblätter sitzend, handförmig, fünf- bis siebenspaltig mit rautenförmigen Abschnitten, zum Stengelende kleiner
Blüten:	in lockerer Traube oder an Ästchen, Einzelblüten gestielt, auffallend hoher Blütenhelm, 25–40 mm lang, schlank, nickend, trübe blaßgelb
Blütezeit:	Juli–August
Standort:	1400–2400 m, auf kalkreichen, steinigen Böden, Geröllhalden, Lawinenstriche, Bergwiesen, Blockhalden, bewachsene Grate, Waldrand, Lichtungen ziemlich häufig! gebietsweise große Bestände
Verbreitung:	Alpen, Apennin, Pyrenäen, Jura

GESCHÜTZT! GIFTIG!

GELBER ENZIAN

Gentiana lutea

Familie:	Enziangewächse – Gentianaceae
Stengel:	30–130 cm hoch, aufrecht, kräftig, rund, hohl, grün, beblättert
Blätter:	gegenständig, eiförmig, breit, spitz, sehr groß, ganzrandig, parallelnervig, grün, zum Stengelende merklich kleiner
Blüten:	bis zu zehn Einzelblüten in Scheinquirlen endständig und aus den Blattachseln, Kronblätter tiefgeteilt, lang – lanzettlich, goldgelb, kurzgestielt
Blütezeit:	Juli–August
Standort:	1100–2500 m, vorwiegend auf kalkhaltigen Böden, Bergwiesen, bewachsene Geröllhalden, Weiden, Almen, Hänge, Matten
Verbreitung:	Alpen, Apennin

GESCHÜTZT!

PUNKTIERTER ENZIAN

Gentiana punktata

Familie:	Enziangewächse – Gentianaceae
Stengel:	25–60 cm hoch, aufrecht, rund, kräftig, grün – gelb, beblättert
Blätter:	gegenständig, gestielt, eiförmig – elliptisch, spitz, sehr groß, parallelnervig, grün; die oberen Stengelblätter mehr lanzettlich, sitzend
Blüten:	endständig und in den oberen Blattachseln, kopfig gehäuft, aufrecht; Einzelblüte groß, glockig, fünf bis sieben Blütenzipfel, spitz, trüb – blaßgelb, grau – braun punktiert; Kelchblättchen anliegend, glockig, grün
Blütezeit:	Juli–September
Standort:	1500–2800 m, auf Kalk- und Silikatböden, Bergwiesen, Almen, steinige Matten, Lägerstellen, alpine Rasen ziemlich häufig!
Verbreitung:	Alpen

GESCHÜTZT!

EINBLÜTIGES FERKELKRAUT

Hypochoeris uniflora

Familie:	Korbblütler – Asteraceae
Stengel:	10–50 cm hoch, aufrecht, rund, sehr kräftig, zum Blütenkopf hin verdickt, grün, steifhaarig
Blätter:	grundständig, rosettig, länglich – lanzettlich, teilweise sehr groß und breit, gezähnt, grün, steifhaarig
Blüten:	endständig, einköpfig, 30–50 mm Durchmesser, Zungenblütchen länglich lineal, vorne gerade oder leicht gezähnt, goldgelb; Kelch kopfig, kleine Hüllblättchen, dunkelgrün, steifhaarig; weithin leuchtende, auffällige Pflanze!
Blütezeit:	Juli–August
Standort:	1400–2500 m, auf mageren, warmen Böden, Bergwiesen, Magerrasen, Matten, Erikaheiden, Alpenrosenfluren zerstreut!
Verbreitung:	Alpen, Karpaten

GROSSBLÜTIGER FINGERHUT

Digitalis grandiflora

Familie:	Braunwurzgewächse – Scrophulariaceae
Stengel:	25–100 cm hoch, aufrecht, sehr stark, rund, grün, beblättert, behaart
Blätter:	wechselständig, breit – lanzettlich, sitzend, leicht gezähnt, ausgeprägte Nervatur, grün, unterseits flaumig behaart
Blüten:	in einseitswendiger dichter Ähre, Einzelblüten kurz gestielt, röhrig – glockig, 30–40 mm lang, schwach fünfzipfelig, Unterlippe dreilappig, zitronengelb, innen braun getupft, Kelch leicht flach gedrückt, Kronrand umgeschlagen, behaart, nickend
Blütezeit:	Juli–September
Standort:	1100–1800 m, kalkhaltige, warme Böden, Bergwiesen, Fichtenwaldrand, sonnige Halden, Lichtungen, Blockhalden nicht häufig! örtlich größere Bestände
Verbreitung:	Alpen, Pyrenäen

GESCHÜTZT!

ROTBRAUNER FRAUENSCHUH

Cypripedium calceolus

Familie:	Orchideengewächse – Orchidaceae
Stengel:	20–60 cm hoch, aufrecht, rund, stark, behaart, beblättert
Blätter:	wechselständig, eiförmig – spitz, sehr groß, parallelnervig, herablaufend, teilweise stengelumfassend, ganzrandig, grün; oberstes Stengelblatt, breit – lanzettlich, eingerandet, aufrecht stehend
Blüten:	an kurzen kräftigen Stielchen aus den Blattachseln, meistens eine bis drei Blüten einseitswendig, vier Perigonblätter lang – lanzettlich – lineal, mehrfach gedreht, braun – rot; Lippe nickend, 30–50 mm lang, einem Holzschuh ähnlich, goldgelb, purpur – braun geadert, hohl, oben zur Basis offen, Narbenzunge gelb mit purpurnen Punkten
Blütezeit:	Mai–Juli
Standort:	900–1500 m, auf kalkhaltigen, humusreichen Böden, lichte Mischwälder, Wald- und Gebüschrand, Auen, Schluchten, Lichtungen, Legföhrenbestände, halbschattige Bachufer selten! gebietsweise geringe Bestände
Verbreitung:	Alpen, Pyrenäen, Norwegen

GESCHÜTZT!

GROSSBLÜTIGE GEMSWURZ

Doronicum Grandiflorum

Familie:	Korbblütler – Compositae
Stengel:	20–60 cm hoch, aufrecht, hohl, drüsig behaart, beblättert, grün
Blätter:	grundständig, gestielt, Stengelblätter eiförmig-lanzettlich, buchtig, gezähnt, dunkelgrün
Blüten:	endständig, einblütig, goldgelb 3–6 cm Ø, röhrige Scheibenblütchen umgeben von Zungenblüten, Hüllblätter lanzettlich, zottig.
Blütezeit:	Juli–September
Vorkommen:	1700–2800 m, kalkreiche Böden, Geröllhalden, Bachränder, an Felsblöcken, Felsspalten, ziemlich häufig! Lechtaler und Allgäuer Alpen

STRAUSS-GLOCKENBLUME

Campanula thyrsoidea

Familie:	Glockenblumengewächse – Campanulaceae
Stengel:	10–50 cm hoch, aufrecht, sehr kräftig, rund, grün – braun, beblättert, stark behaart
Blätter:	wechselständig, sitzend, länglich lineal, ganzrandig, wellig, grün mit hellerem Mittelnerv, behaart; Tragblättchen, sehr schmal – lineal, etwas länger als die Blüten, spitz
Blüten:	in dichter, zylindrischer Ähre, Einzelblüten kelchförmig – glockig, 20–40 mm lang, Kronsaum ausgerandet, blaßgelb, leicht aufwärts stehend, langer Stempel und wenige Staubblätter, grün – gelb
Blütezeit:	Juni–August
Standort:	1500–2500 m, auf Kalk- und Silikatböden, sonnige Bergwiesen, warme Hänge nicht häufig! wenige Gebiete mit größeren Beständen
Verbreitung:	Alpen

ALPEN-GOLDSTERN

Gagea fistulosa

Familie:	Liliengewächse – Liliaceae
Stengel:	5–20 cm hoch, aufrecht, meist mit Doppelzwiebel, beblättert, grün
Blätter:	grundständig, hellgrün, länglich – lanzettlich
Blüten:	große gelbe Sterne bis 6 cm Durchmesser, 1–5 Blüten, gestielt, Stiele behaart, Blütenblätter elliptisch – lanzettlich, besonders langer Griffel
Blütezeit:	Juni–Juli
Standort:	1200–2800 m, Lägerstellen, Weiden, Magerwiesen ziemlich selten!
Verbreitung:	Alpen, Pyrenäen, Apennin

GÄNZLICH GESCHÜTZT!

ZOTTIGES HABICHTSKRAUT

Hieracium villosum

Familie:	Zungenblütler – Cichoriaceae
Stengel:	15–25 cm hoch, aufrecht bis aufsteigend, grün, wollig, langzottig behaart, teilweise verzweigt
Blätter:	grundständig, rosettig, lanzettlich, ausgerandet, stielartig verschmälert, ganzrandig oder leicht gezähnt, wellig, wollig behaart, Stengelblätter nach oben hin kleiner, wollig behaart, sitzend oder stengelumfassend
Blüten:	endständig, einköpfig, gelb, Hüllblättchen breit und abstehend
Blütezeit:	Juli–August
Standort:	1300–2700 m, auf kalkhaltigem Boden, steinige Bergwiesen, Abhänge, an Felsen, Geröllhalden, Schutthalden
Verbreitung:	Alpen, Apennin, Jura, Karpaten

WEISSLICHES HABICHTSKRAUT

Hieracium intybaceum

Familie:	Korbblütengewächse – Compositae
Stengel:	5–25 cm hoch, aufrecht, stark, drüsig behaart, klebrig, grün, beblättert, einzeln und in Rudeln, auch mehrere aus einem Wurzelstock
Blätter:	grundständige Rosette und Stengelblätter, lang, fiederteilig, buchtig, grün, mit Drüsenhaaren besetzt, sehr groß und viele am Stengel, nach oben kleiner werdend
Blüten:	1–4köpfig oder einzeln, endständig, große Blütenköpfe aus Zungenblüten, ca. 2,5–4 cm Durchmesser, gelblichweiß; kopfiger Kelch mit schwarzen Drüsenhaaren besetzt
Blütezeit:	August
Standort:	1800–2400 m, kalkmeidend; auf Schiefergestein, Schiefergries, Abbrüche, Zwergstrauchheiden, Alpenrosenhänge, Bergwiesen ziemlich selten!
Verbreitung:	Alpen

BERG-HAHNENFUSS

Ranunculus montanus

Familie:	Hahnenfußgewächse – Ranunculaceae
Stengel:	10–35 cm hoch, aufrecht oder aufsteigend, rund beblättert, ein bis mehrere aus einem Wurzelstock kommend
Blätter:	grundständig, gestielt, drei- bis fünflappig, leicht behaart, Abschnitte verkehrt eiförmig, eingeschnitten oder gekerbt; drei- bis fünfspaltig, stumpf-zähnige Abschnitte, ein bis zwei sitzende Stengelblättchen in Zipfel geteilt, grün, glänzend
Blüten:	endständig, ein bis drei Blüten, fünf goldgelbe Kronblätter, verkehrt eiförmig, 2–3 cm Durchmesser, zahlreiche Staubblätter, Kelch etwas abstehend, flaumig behaart
Blütezeit:	Mai–August
Standort:	bis 3000 m, auf kalkreichen, steinigen Unterlagen, Bergwiesen, Geröllhalden, fette Weiden
Verbreitung:	Alpen, Apennin, Pyrenäen, Nord- und Zentralalpen häufig, Südalpen selten

GIFTIG!

GELBE HAUSWURZ (Wulfens)

Sempervivum wulfenii

Familie:	Dickblattgewächse – Crassulaceae
Stengel:	10–25 cm hoch, aufrecht, stark, gelb – grün, drüsig – zottig
Blätter:	sternförmig ausgebreitete Rosette, groß, fleischig, grün, eiförmig, zugespitzt, am Rande drüsig bewimpert, Stengelblätter wechselständig, gelb – grün, lanzettlich – spitz, sitzend
Blüten:	kopfig am Stengelende, 10–18 lineale Kronblätter, goldgelb, sternförmig ausgebreitet, drüsig behaart, zahlreiche purpurne Staubblätter, Griffel gelb – grün
Blütezeit:	Juli–September
Standort:	1700–2600 m, kalkmeidend, auf sonnigen, steinigen Bergwiesen, Blockhalden, an Felsen, magere Weiden, Gesteinsschutt nicht häufig!
Verbreitung:	Alpen (hauptsächlich Alpenhauptkamm), fehlt in den nördlichen Kalkalpen!

GESCHÜTZT!

ALPEN-KRATZDISTEL

Cirsium spinosissimum

Familie:	Korbblütler – Asteraceae
Stengel:	20–70 cm hoch, aufrecht oder aufsteigend, krautig, stark, hellgrün, beblättert, teilweise verzweigt, öfters mehrere aus einem Wurzelstock
Blätter:	wechselständig, sitzend, groß, ausgebuchtet, gezähnt, dornig, grüngelb, untere Laubblätter grasgrün, Hochblätter gelbgrün, fiederspaltig, scharfdornig, gezähnt, wollig behaart, gekräuselt
Blüten:	mehrere Körbchen, kopfig gehäuft am Stengelende; nur Röhrenblüten, gelblichweiß, später gelbbräunlich, von gezähnten, dornigen, gelbgrünen Hochblättern umgeben, Hochblätter lang, spitzig, aufsteigend, bei Sonne ausgebreitet
Blütezeit:	Juli–September
Standort:	1500–2800 m, auf nährstoffreichem Lehmboden, Lägerfluren, Feinschutt, Almwiesen, Geröllhalden, Schneetälchen
Verbreitung:	Alpen

BUCHSBLÄTTRIGE KREUZBLUME

Polygala chamaebuxus

Familie:	Kreuzblumengewächse – Polygalaceae
	Halbstrauch, Zweige niederliegend oder aufsteigend, etwas holzig, rund, kahl, beblättert, verzweigte Ausläufer, grün – braun, winterhart
Blätter:	wechselständig, elliptisch – lanzettlich, stumpf, zum Stengel verschmälert, sitzend, lederig, ganzrandig, oberseits glänzend, immergrün
Blüten:	in endständiger, lockerer Doldenrispe oder aus den oberen Blattwinkeln austretend, Flügel aufgerichtet, weißlich – gelb, Schiffchen gekielt, an der Spitze vierlappig, leuchtend gelb oder purpurn
Blütezeit:	Februar–August (gelegentlich auch schon ab November)
Standort:	600–2500 m, auf Kalkunterlagen, wärmeliebend, an Felsen, Trockenrasen, lichte Föhrenwälder, Alpenrosen- und Legföhrenbestände häufig!
Verbreitung:	Alpen, Apennin, Pyrenäen, Jura, Karpaten

EBERREIS-KREUZKRAUT

Senecio abrotanifolius

Familie:	Korbblütler – Asteraceae
Stengel:	15–40 cm, kriechend, aufsteigend, ästig, verzweigt, beblättert, Wurzelstock verholzt
Blätter:	doppelt fiederteilig, mit lineal-lanzettlichen Abschnitten, grasgrün, glänzend, kahl
Blüten:	meist einköpfig auf langen Blütenstengeln, zwei bis fünf Blüten straußartig am Stengel, bis 3 cm im Durchmesser, Zungen- und Röhrenblütchen orangegelb bis orangerot
Blütezeit:	Juli–September
Standort:	1200–2600 m, auf Kalk- und Silikatgestein, Geröllhalden, steinige Bergwiesen, Legföhrengebüsche, lichte Föhrenwälder, an Steinblöcken selten! gesellig in Gruppen!
Verbreitung:	Alpen (Dolomiten und nördliche Kalkalpen, Süd- und Zentralalpen)
Bemerkung:	Eberreis-Kreuzkraut ist vielfach zottig anzutreffen!

FUCHS-KREUZKRAUT

Senecio fuchsii

Familie:	Korbblütler – Asteraceae
Stengel:	in staudenartiger Pflanze, 40–140 cm hoch, aufrecht, verzweigt, beblättert, rund, grün, behaart
Blätter:	wechselständig, lanzettlich, sitzend oder kurz gestielt, fein gezähnt, dunkelgrün
Blüten:	in doldenartiger Rispe, Krone 1,5–2 cm Durchmesser, fünf Blütenblätter, schmal–lineal, gelb, strahlig ausgebreitet, sechs bis fünfzehn Röhrenblüten, dottergelb, sehr zahlreich!
Blütezeit:	Juli–August
Standort:	bis 1800 m, auf kalkhaltigen Böden, Almwiesen, Blockhalden, steinige Kahlschläge, krautreiche Mischwälder häufig! gesellig, örtlich große Bestände
Verbreitung:	Alpen, ganz Mitteleuropa

KRAINER-KREUZKRAUT

Senecio carniolicus

Familie:	Korbblütler – Asteraceae
Stengel:	5–20 cm hoch, aufrecht oder aufsteigend, stark, rund, grün – grau, graufilzig behaart, beblättert
Blätter:	grundständig, gestielt, verkehrt eiförmig, tief gekerbt, teils fiederlappig, grün, graufilzig behaart, oberseits öfters kahl, in den Stiel verschmälert; Stengelblättchen klein, handförmig, gekerbt oder schwach gelappt, graufilzig, sitzend
Blüten:	in endständiger Trugdolde, straußartig mehrere kleine Blütenköpfe, Kronblättchen länglich – eiförmig, goldgelb, Staubblättchen aufrecht, kugelig, ebenso goldgelb, Blütendurchmesser ca. 15 mm, gestielt, aufrecht; Kelchblättchen lanzettlich, grün, abstehend
Blütezeit:	Juli–Oktober
Standort:	1700–3200 m, auf Silikat- und Schiefergestein, Feinschutthalden, Schneetälchen, Bergwiesen, Felsbänder, Grate zerstreut bis häufig!
Verbreitung:	Alpen (vorwiegend Ostalpen)

GELBES LÄUSEKRAUT

Pedicularis foliosa

Familie:	Braunwurzgewächse – Scrophulariaceae
Stengel:	15–50 cm hoch, aufrecht, flaumig behaart, beblättert
Blätter:	grundständig, gestielt, doppelt gefiedert, Tragblätter nach oben kleiner werdend, gefiedert, spitz
Blüten:	endständige Traube, Kronen blaßgelb, Oberlippe außen haarig, Kelch 5zähnig, glockig, behaart
Blütezeit:	Juni–August
Standort:	1500–2200 m, feuchte, warme Böden, Bergwiesen, Hochlagen, Jochgrate, Hochmähder ziemlich häufig!
Verbreitung:	Alpen

GELBER ALPENMOHN

Papaver alpinum

Familie:	Mohngewächse – Papaveraceae
Stengel:	5–25 cm hoch, aufrecht oder bogig aufsteigend, zart, rund, dunkelgrün, borstig behaart, mehrere aus einem Wurzelstock
Blätter:	grundständig, rosettig, gehäuft, länglich – oval, einfach bis doppelt gefiedert, grau – grün, behaart
Blüten:	endständig, einzeln, aufrecht, 40–60 mm Durchmesser, fünf Kronblätter, verkehrt eiförmig – rundlich, teils eingerandet, goldgelb, Stempel und zahlreiche Staubblätter ebenso goldgelb; Kelchblätter halbschalenförmig, grün, außen behaart
Blütezeit:	Juli–August
Standort:	2000–2700 m, auf Kalk- und Dolomitgestein, Geröllhalden, Gesteinsschutt, Moränen ziemlich selten!
Verbreitung:	Alpen, Apennin, Pyrenäen

GESCHÜTZT!

BERG-PIPPAU

Crepis montana L.

Familie:	Zungenblütler – Cichoriaceae
Stengel:	25–60 cm hoch, aufrecht, stark, zum Blütenkopf etwas verdickt, wenig beblättert, grün, leicht behaart oben spinnwebig-wollig
Blätter:	grundständig, länglich-lanzettlich, am Grund verschmälert, sattgrün, gezähnt, Stengelblättchen lanzettlich spitz, sitzend
Blüten:	endständig, einköpfig, bis 5 cm großer Blütenkopf, leuchtend goldgelb, Hülle halbkugelig mit kleinen, lanzettlichen, grünbraunen Blättchen dicht besetzt
Blütezeit:	Juni–August
Standort:	1200–2400 m, kalkliebend, lockere, steinige Böden, Bergwiesen, Matten, Almen, Hochstaudenfluren gesellig und einzeln!
Verbreitung:	Alpen, Jura, Balkan

GLETSCHER-PETERSBART

Geum reptans

Familie:	Rosengewächse – Rosaceae
Stengel:	10–20 cm lang, aufrecht oder aufsteigend, stark, rund, grün bis rotbraun, beblättert, behaart, lange Ausläufer, rotbraun, mit kleinen Blättchen
Blätter:	grundständig, rosettig, länglich, verkehrt eiförmig, gefiedert, Einzellappen tief gekerbt, grün, unterseits behaart, gestielt; Stengelblättchen wechselständig, tief, drei- bis fünflappig, oder gefiedert, sitzend
Blüten:	endständig, einzeln, 40–60 mm Durchmesser, meist sechs bis sieben Kronblätter, verkehrt eiförmig – rundlich, teils ausgerandet, goldgelb, Staubblätter und Griffel etwas dunkler gelb; Kelchblättchen lanzettlich, unterschiedlich lang, anliegend, grün; Fruchtstände bilden gedrehte Schöpfe, flaumig behaart, leuchtend rotbraun
Blütezeit:	Juli–August
Standort:	1800–3200 m, eher kalkarme Böden, auf Silikatgestein, Moränen, Felsspalten, Grate, Schneetälchen, Schutthalden, Feinschuttablagerungen auch im Schiefergestein eher selten! gebietsweise größere Bestände
Verbreitung:	Alpen

GOLDPRIMEL

Androsace vitaliana

Familie:	Primelgewächse – Primulaceae
Stengel:	2–4 cm lang, rasenbildend, niederliegend
Blätter:	rosettig gehäuft, nadelförmig
Blüten:	einzeln, endständig, aus den Achseln der Rosettenblättchen treiben die kurzgestielten Blüten, Krone röhrig mit ausgebreitetem Kronsaum, eiförmig – lanzettliche Kronzipfel, goldgelb
Blütezeit:	Mai–Juli
Standort:	1700–3000 m, auf Porphyr, rasige Grate, hochgelegene Weiden selten!
Verbreitung:	Alpen, Dolomiten, Pyrenäen, Abruzzen

GÄNZLICH GESCHÜTZT!

RINDSAUGE

Buphthalmum salicifolium

Familie:	Korbblütler – Asteraceae
Stengel:	20–60 cm hoch, aufrecht oder aufsteigend, verzweigt, rund, grün, beblättert, staudenförmige Pflanze
Blätter:	grundständig, gestielt, herzförmig bis breit-lanzettlich, gesägt – gekerbt, grün; Stengelblätter lanzettlich, sitzend, teilweise stengelumfassend, gezähnt, bewimpert
Blüten:	endständig an den Sprossen, Krone 4–6 cm Durchmesser, außen Zungenblütchen, linealisch, Spitze stumpf, gezähnt, goldgelb; innen Röhrenblütchen, drüsig, goldgelb; Kelchblättchen sehr klein, lanzettlich, grün, anliegend
Blütezeit:	Juli–September
Standort:	800–2000 m, humusreiche Böden, steinige Rasen, Bergwiesen, Bachufer, warme Hänge, Felsbänder, ziemlich häufig!
Verbreitung:	Alpen, Nord-Apennin

SIEGWURZ (Allermannsharnisch)

Allium victorialis L.

Familie:	Liliengewächse – Liliaceae
Stengel:	25–60 cm hoch, aufrecht, rund, grün, untere Stengelhälfte beblättert, oben kahl, etwas kantig
Blätter:	am unteren Stengeldrittel 2–3 länglich-elliptische Blätter in einen kurzen Stiel verschmälert, anfangs längsgefaltet, sattgrün, 15–30 cm lang, fleischig
Blüten:	endständige Scheindolde, vielblütig, kugelig, weißlich-grün, kurzgestielt, mit langen Staubblättern, Blütenknospen rot überlaufen
Blütezeit:	Juni–August
Standort:	1600–2800 m, vorwiegend auf Kalk- und Silikat- sowie Schiefermergel-Böden, Bergwiesen, felsige Abhänge, Latschengebüsch gesellig, jedoch nicht häufig!
Verbreitung:	Alpen, Pyrenäen, Skandinavien (europ.)

FETTHENNEN-STEINBRECH

Saxifraga aizoides

Familie:	Steinbrechgewächse – Saxifragaceae
Stengel:	5–25 cm, aufrecht oder kriechend aufstrebend, unten dichter als oben beblättert
Blätter:	schmal lanzettlich bis lineal, fleischig, am Rande bewimpert, hellgrün
Blüten:	Kronblätter gelb bis orange, gepunktet, länglich oval
Blütezeit:	Juni–September
Standort:	1700–3000 m, auf kalkhaltigen Unterlagen, Bachränder, feuchte Schutthalden, schattige Felsnischen, häufig
Verbreitung:	Alpen

GÄNZLICH GESCHÜTZT!

TROLLBLUME

Trollius europaeus

Familie:	Hahnenfußgewächse – Ranunculaceae
Stengel:	10–70 cm hoch, aufrecht, schlank, rund, teilweise verzweigt, grün, kahl, beblättert
Blätter:	grundständig, langgestielt, handförmig, tief gespalten, gekerbt – gesägt, grün, leicht behaart; Stengelblätter fünf- oder dreiteilig, Lappen lanzettlich, gesägt, grün, sitzend
Blüten:	endständiges, kugeliges Köpfchen, 20–40 mm Durchmesser, bis fünfzehn fast runde Blütenblätter zu einer flachen Kugel geformt, goldgelb, innen schmale Honigblättchen und Staubblättchen
Blütezeit:	Juni–Juli
Standort:	700–2400 m, feuchte Wiesen, grasige Grate, Almwiesen, Hochmoore, Matten, Bachufer ziemlich häufig!
Verbreitung:	Alpen, Apennin, Pyrenäen, Norwegen

Blumenwiese mit „Klebrigen Lein“ im Lechtal, Tirol

WALD-AKELEI

Aquilegia vulgaris

Familie:	Hahnenfußgewächse – Ranunculaceae
Stengel:	30–80 cm hoch, teils verzweigt mit dreiteiligen Blättern, grün – rotbraun überlaufen
Blätter:	grundständige Blätter, gestielt, doppelt dreiteilig, sattgrün, Stengelblätter sitzend
Blüten:	langgestielt, nickend, blauviolett, selten rosa oder weiß; 5 lange, am Ende gekrümmte Sporne, 5 Kelchblätter und zwischen den nach unten gerichteten Kronblättern zahlreiche Staubgefäße und Fruchtblätter
Blütezeit:	Mai–August
Standort:	800–2000 m, kalkhaltige Böden, Laub- und Mischwälder, Waldrand und Gebüsche
Verbreitung:	Lechtaler und Allgäuer Alpen, Alpen, Pyrenäen

GESCHÜTZT!

KLEINES ALPENGLÖCKCHEN

Soldanella pusilla

Familie:	Primelgewächse – Primulaceae
Stengel:	3–10 cm hoch, aufrecht, rund, zart, rotbraun, blattlos, nickend
Blätter:	in Rosetten, grundständig, kurzgestielt, nierenförmig – rundlich, ganzrandig, grün, stark geadert, glänzend
Blüten:	einblütig, nickend, röhrig – glockig, 9–16 mm lang, Glockenrand kurz geschlitzt, violett bis rosa, innen dunkelrot gestreift; fünf Kelchblättchen, lanzettlich, anliegend, violett
Blütezeit:	Mai–August
Standort:	1500–3000 m, kalkarme, feuchtere Böden, bewachsene Grate, Bergwiesen, Schneetälchen, Matten nicht häufig!
Verbreitung:	Alpen, nordwestlicher Apennin

ALPENSCHARTE

Saussurea alpina

Familie:	Korbblütler – Asteraceae
Stengel:	bis 50 cm hoch, unverzweigt, gefurcht, beblättert, grün – grau
Blätter:	grundständig, rosettig, lanzettlich, Stengelblätter sitzend, teilweise stengelumfassend, Rand buchtig, gezähnt, unterseits weißfilzig, obere Stengelblätter gestielt, sattgrün
Blüten:	Blütenköpfe in endständigen Dolden, kurz gestielt, rotviolette Röhrenblüten, zwitterig, hervortretende Staubgefäße, mehrere Reihen Hüllblätter, kopfig
Blütezeit:	Juli–September
Standort:	1700–2400 m, auf Kalk-Schiefer-Gestein, Mergelgebiete, windexponierte Grate, steinige Bergwiesen, Waldgrenze ziemlich selten!
Verbreitung:	Alpen, Pyrenäen, Norwegen, arktisch-alpine Pflanze

ALPEN-ASTER

Aster alpinus

Familie:	Korbblütler – Asteracea
Stengel:	10–25 cm hoch, aufrecht, rund, schlank, grün, beblättert, leicht behaart
Blätter:	Grundblätter gestielt, spatelig, ganzrandig, grün, behaart; Stengelblättchen sitzend, lanzettlich, spitz, wechselständig, teils gekielt, parallelnervig
Blüten:	in endständigem Körbchen scheibenständige Röhrenblüten, gelb, außen herum einreihig, Zungenblüten, blauviolett bis rosa, schmal – lanzettlich, spitz, gekielt; Hüllblätter mehrreihig, grün, anliegend, behaart, kürzer als die Zungenblüten
Blütezeit:	Juni–August
Standort:	1000–2600 m, sonnige, warme Böden, trokkene, steinige Bergwiesen, Halden, Felsbänder, bewachsene Grate ziemlich häufig!
Verbreitung:	Alpen, Apennin, Pyrenäen

GESCHÜTZT!

BLAUER EISENHUT

Aconitum napellus

Familie:	Hahnenfußgewächse – Ranunculaceae
Stengel:	40–140 cm hoch, aufrecht, stark, rund bis kantig, grün – braun, beblättert
Blätter:	wechselständig, handförmig, bis zum Grunde fünf- bis siebenteilig, gekerbt, grün, die unteren gestielt, die oberen sitzend
Blüten:	in langer, stattlicher Traube, fünf Kronblätter, oberstes davon helmartig, tiefblau, aus dem Blütenkelch zwei gestielte Honigblättchen und zahlreiche Staubblätter ragend, weiß
Blütezeit:	Juli–September
Standort:	900–2700 m, nährstoffreiche Böden, Almen, Matten, Lägerstellen, Felsnischen, bewachsene Grate ziemlich häufig!
Verbreitung:	Alpen, Pyrenäen

GESCHÜTZT!

FRÜHLINGS-ENZIAN (Schusternagele)

Gentiana verna

Familie:	Enziangewächse – Gentianaceae
Stengel:	2–8 cm hoch, aufrecht, zart, rund, grün, beblättert
Blätter:	grundständig, rosettig, oval – lanzettlich, ganzrandig, ungleich lang, grün; Stengelblättchen etwas kleiner, sitzend
Blüten:	einzeln, endständig, Krone flach ausgebreitet, fünf Kronblätter, breit – lanzettlich, leicht ausgerandet, azurblau, Schlund und Kronröhre innen weiß, bewimpert; Kelch röhrig, wenig aufgeblasen, fünf Kelchblättchen, kurz, leicht abstehend, grün
Blütezeit:	März–Juli
Standort:	800–2000 m, kalkhaltige und neutrale Böden, Bergwiesen, steinige Matten, Geröllhalden, Almen, Blockhalden, Lichtungen häufig! zerstreut
Verbreitung:	Alpen, Pyrenäen, Abruzzen

GEFRANSTER ENZIAN

Gentiana ciliata

Abbildung zeigt ein seltenes Exemplar mit 6 Blütenblättern!

Familie:	Enziangewächse – Gentianaceae
Stengel:	6–25 cm hoch, aufrecht oder aufsteigend, beblättert, grünbraun, selten verzweigt
Blätter:	gegenständig, lineal-lanzettlich, dunkelgrün
Blüten:	endständig, groß, vierzählige Blütenkrone, trichterförmig, enzian- bis violettblau, Kronzipfel eiförmig, ausgerandet, abgebildetes Exemplar mit 6 langen, lanzettlichen Zipfeln, am Rand lang gefranst, Schlund haarig
Blütezeit:	August–November
Standort:	700–2000 m, magere Almen, Wiesen, Weiden, Krummholzfluren, Felsbänder ziemlich häufig!
Verbreitung:	Alpen, Apennin, Pyrenäen

GÄNZLICH GESCHÜTZT!

GROSSGLOCKIGER ENZIAN

Gentiana clusii

Familie:	Enziangewächse – Gentianaceae
Stengel:	3–6 cm hoch, rund, grün, beblättert, stark
Blätter:	grundständig, rosettig, elliptisch – lanzettlich, stumpf, ganzrandig, steif, grün, glänzend; Stengelblättchen ein bis zwei Paar, eiförmig – lanzettlich, spitz, grün, sitzend
Blüten:	einblütig, großer Kelch, trichterförmig, glockig, fünfzipfelig, azurblau, 4–6 cm im Durchmesser; Kelchröhre innen hellviolett und purpurn gepunktet, Staubblätter schwefelgelb, Kelchblättchen fünfzipfelig, eiförmig – lanzettlich, anliegend, grün
Blütezeit:	April–August
Standort:	800–2600 m, auf kalkhaltigen Böden, steinige Bergwiesen, Magerrasen, sonnige Matten, Felsbänder, Weiden, bewachsene Grate nicht häufig! örtlich größere Bestände
Verbreitung:	Alpen, Ostpyrenäen, Apennin

GESCHÜTZT!

KREUZ-ENZIAN

Gentiana cruciata

Familie:	Enziangewächse – Gentianaceae
Stengel:	15–40 cm hoch, aufrecht oder niederliegend – aufsteigend, grün – braunrot, beblättert
Blätter:	gekreuzt gegenständig, lanzettlich, groß, fleischig, fettglänzend, ohne Behaarung, sitzend, teils herablaufend
Blüten:	bis zu 20 Blüten am Stengelende, mehrfach auch in den oberen Blattachseln, aufrecht stehend, 4 Blütenblätter, eiförmig-spitz, enzianblau, langer, glockiger Kelch, innen gelb, Knospen keulenförmig, außen etwas grün – rot
Blütezeit:	August–September
Standort:	1100–1500 m; warme, basisch bis saure Böden, Almböden, Wiesen, Weiden, Waldrand sehr selten!
Verbreitung:	Alpen, Apennin

GESCHÜTZT!

SCHLAUCH-ENZIAN

Gentiana ultriculosa

Familie:	Enziangewächse – Gentianaceae
Stengel:	12–25 cm hoch, aufrecht, kantig, verzweigt, grünbraun, beblättert, kahl
Blätter:	rosettig, verkehrt – eiförmig, stumpf, grün; Stengelblättchen paarweise, länglich – lanzettlich, sitzend, grün
Blüten:	einseitswendig, gestielt, Krone fünfzipfelig, ausgebreitet, 15–25 mm Durchmesser, azurblau, Kelch innen weißlich; Außenkelch sehr lang, schmal, Kanten breit geflügelt, Stielchen aus gegenständigem Blattpaar austretend
Blütezeit:	Mai–August
Standort:	800–2200 m, auf steinigen, sandigen Böden, Weiden, Bergwiesen, Auen, Halden, Quellfluren nicht häufig! gebietsweise selten
Verbreitung:	Alpen

GESCHÜTZT!

SCHWALBENWURZ-ENZIAN

Gentiana asclepiadea

Familie:	Enziangewächse – Gentianaceae
Stengel:	20–90 cm, aufrecht, aufsteigend, beblättert, grün – braun
Blätter:	eiförmig lanzettlich, netzadrig, sitzend, dunkles sattes Grün, teils kreuzweise gegenständig, teils einseitswendig
Blüten:	in den oberen Blattachseln, vielfach gleichseitig gedreht, kelchartig-glockig, azurblau, hellere Längsstreifen, öfters auch mattweiß, Kronzipfel fünflappig, spitz
Blütezeit:	Juli–September
Standort:	800–2500 m, kalkhaltige Böden, feuchte Böden, Almen, Bergwälder, Hochstaudenfluren ziemlich häufig!
Verbreitung:	Alpen

GESCHÜTZT!

BÄRTIGE GLOCKENBLUME

Campanula barbata

Familie:	Glockenblumengewächse – Campanulaceae
Stengel:	10–35 cm hoch, aufrecht, stark, rund, behaart, beblättert
Blätter:	grundständig, lang – spatelig, ganzrandig, grün, behaart; Stengelblätter kleiner, lanzettlich, sitzend, ganzrandig, beidseitig behaart
Blüten:	in einseitswendiger Traube, nickend, gestielt, glockig, bauchig, fünfzipfelig, hellblau bis lila, öfters auch weiß, Zipfel zottig behaart; fünf Kelchblättchen, anliegend, spitz, grün
Blütezeit:	Juni–August
Standort:	1500–2500 m, kalkarme, magere Böden, Bergwiesen, Weiden, Almen, Flachmoore, gerne gesellig mit Arnika häufig!
Verbreitung:	Alpen, Norwegen

DOLOMITEN-GLOCKENBLUME

Campanula morettiana

Familie:	Glockenblumengewächse – Campanulaceae
Stengel:	kurz, zahlreich, aufsteigend, steifhaarig, beblättert
Blätter:	rundlich, gezähnt, untere Blätter gestielt, grün, obere sitzend, steif behaart
Blüten:	endständig, einzeln, bis 3,5 cm groß, trichterförmig – glockig, Kelch mit spitzigen Zipfeln, behaart, Krone blauviolett bis rotviolett, weit herausreichender Griffel mit gelber Narbe
Blütezeit:	August–Oktober
Standort:	1500–2400 m, auf Kalk- und Dolomitgestein, Felsspältchen, Felsvorsprünge, wächst ausgesetzter als Edelweiß und Edelraute selten!
Verbreitung:	Alpen (Dolomiten von Südtirol bis Venetien)

GÄNZLICH GESCHÜTZT!

NESSELBLÄTTRIGE GLOCKENBLUME

Campanula trachelium

Familie:	Glockenblumengewächse – Campanulaceae
Stengel:	25–90 cm hoch, aufrecht, stark, kantig, rotbraun, behaart, verzweigt, beblättert
Blätter:	wechselständig, breit – lanzettlich, gezähnt, grün, behaart, die unteren gestielt, brennesselartig
Blüten:	in lockerer, einseitswendiger Traube, Einzelblüten groß, 3–5 cm lang, 2–3 cm Durchmesser; glockig, Krone fünfzipfelig, hellblau – violett, seltener weiß, Rand bewimpert, Griffel dünn, Narbe dreigeteilt, weißlich
Blütezeit:	Juli–August
Standort:	900–2000 m, steinige, lockere Lehmböden, sonnige und halbschattige Wiesen, Mischwaldränder, Weiden, Almwiesen, Hochstaudenfluren ziemlich selten! gesellig
Verbreitung:	Alpen, Pyrenäen

MONT CENIS-GLOCKENBLUME

Campanula cenisia

Familie:	Glockenblumengewächse – Campanulaceae
Stengel:	3–25 cm lang, kriechend, niederliegend, rund, zart, kahl, grün, beblättert
Blätter:	rosettig, eiförmig – rundlich, ganzrandig, fleischig, grün, bewimpert; Stengelblättchen breit – lanzettlich, gegenständig, sitzend, kleiner, grün, glänzend
Blüten:	an kurzen Stielchen, endständig, einzeln, glokkig, kantig, Krone fünfzipfelig, tief eingeschnitten, stahlblau bis schiefergrau, ausgebreitet, Krondurchmesser 15–25 mm, Stempel und Staubblättchen gelb, Kelch fünfzipfelig, lanzettlich, grün, rauhhaarig, anliegend
Blütezeit:	Juli–September
Standort:	2000–2900 m, auf Schiefer- und Kalkgestein, an Felsen, Geröllhalden, Felsabbrüche, Grate sehr selten!
Verbreitung:	Alpen (Westalpen) östlich bis in die Lechtaler Alpen

PYRAMIDEN-GÜNSEL

Ajuga pyramidalis

Familie:	Lippenblütler – Labiatae
	Halbrosettenstaude, steif-aufrechte Sprossen, behaart
Blätter:	gekreuzt gegenständig, dicht aufeinander, Rosettenblätter länger als Stengelblätter, verkehrt eiförmig, behaart, gekerbt, 4seitig – pyramidenförmig, die oberen weinrot-violett überlaufen
Blüten:	2–4 blütige, achselständige Scheinquirlen als Scheinähre; Kelch glockig, behaart, Krone violettblau bis rosa, lange enge Röhre, kurze Oberlippe
Blütezeit:	Juni–August
Standort:	800–2500 m, magere Bergwiesen, Almen, Weiden, Stauden und Krummholzfluren ziemlich selten!
Verbreitung:	Alpen

HIMMELSHEROLD

Eritrichium nanum

Familie:	Rauhblattgewächse – Boraginaceae
Stengel:	bis 4 cm hoch, aufrecht, grün, rauhaarig, beblättert, kleine dichte Polster oder lockere Rasen bildende Pflanze, eng an den Boden angeschmiegt und bedacht, bestmöglichen Verdunstungsschutz sowie Bodenwärme zu nützen!
Blätter:	in zahlreichen Blattrosetten, lineal – spatelig, ca. 6–12 mm lang, 2–5 mm breit, grün, grau – zottig behaart, sitzend
Blüten:	meistens eine, seltener mehrere, endständig, klein, ca. 4–8 mm im Durchmesser, Kronblätter verkehrt eiförmig bis rundlich, flach ausgebreitet, himmelblau mit gelben Schlundschuppen, Kelch sehr klein, fünfteilig, Blütchen mit Tragblättchen
Blütezeit:	Juli–September
Standort:	2500–3400 m, auf Dolomitgestein und Silikatgestein, Feinschutthalden, Grate, Schneetälchen, Felsspalten, gletschernahe und extremsten Witterungseinflüssen trotzend! selten!
Verbreitung:	Alpen, Karpaten, Kaukasus (Zentralalpen und Dolomiten)

GESCHÜTZT!

GEMEINE KÜCHENSCHELLE (Kuhschelle)

Pulsatilla vulgaris

Familie:	Hahnenfußgewächse – Ranunculaceae
Stengel:	6–35 cm hoch, aufrecht, stark, grün – grau, behaart, beblättert
Blätter:	Grundblätter rosettig, langgestielt, 2–3fach fiederteilig, schmal-lineale Zipfel, spitz, grün, behaart, nach der Blüte erscheinend; Hochblattquirl sitzend, ca. halbe Stengelhöhe, abstehend, flaumig behaart
Blüten:	einblütig, groß, 6 Blütenhüllblätter 3–4 cm lang, länglich-eiförmig, hellviolett, außen zottig behaart, glockig, Spitzen etwas zurückgebogen, zahlreiche Fruchtknoten mit langen violetten Narben, umgeben von zahlreichen goldgelben Staubblättern
Blütezeit:	März–Mai
Standort:	800–1700 m; kalkhaltige, steinige Böden, Bergwiesen, steinige Abhänge ziemlich selten!
Verbreitung:	Alpen, Pyrenäen, Apennin, Jura

GÄNZLICH GESCHÜTZT! GIFTIG!

KÄRNTNER KUHTRITT

Wulfenia carinthiaca

Familie:	Braunwurzgewächse – Scrophulariaceae
Stengel:	20–45 cm hoch, aufrecht, stark, grün, oben braun überlaufen, schwach behaart, wechselständig mit schuppenartigen Blättchen besetzt, oberhalb vielfach leicht gebogen
Blätter:	in grundständiger Rosette, groß, meist über 12 cm lang, länglich-eiförmig, sattgrün, Rand ungleichmäßig gekerbt, fettig glänzend
Blüten:	zahlreich, einseitswendig in endständiger Traube, Einzelblütchen lang – trichterförmig, zur Krone flachgedrückt, trüb-blauviolett, Blütenknospen aufwärts, untere Blüten abwärts gerichtet, fünfteiliger Kelch, Schlund etwas behaart, zwei hervorstehende weiße Staubgefäße
Blütezeit:	Juli–August
Standort:	1400–1800 m, neutrale bis schwach saure Böden, auf steinigem, etwas feuchtem Untergrund, Weiden, in Alpenrosenfluren, feuchte Matten, in den Alpen nur in Kärnten vorkommend!
Verbreitung:	Alpen (Nationalpflanze Kärntens)

ALPEN-MANNSTREU

Eryngium alpinum

Familie:	Doldenblütler – Apiaceae
Stengel:	40–100 cm hoch, aufrecht stark, rund, ästig, leicht gefurcht, kahl, grün bis hellbraun, beblättert
Blätter:	Grundblätter oval – dreieckig, gestielt, gezähnt – gesägt, sehr groß; Stengelblätter oben dreilappig bis handförmig, sitzend, gesägt – gekerbt, blaugrün
Blüten:	in aufrechter, kolbenförmiger Dolde, Einzelblütchen amethystblau, sehr klein, unscheinbar; Blütenkolben umgeben von stachelspitzen Hochblättern, hellblau; Hüllblätter stark gefiedert, stachelspitz, sind nur bei Sonnenschein geöffnet, ganzes Blütengebilde langgestielt
Blütezeit:	Juli–September
Standort:	1200–2400 m, auf kalkhaltigen, lehmigen Böden, steinige Bergwiesen, warme Matten, Hochstaudenfluren, Latschengebüsch, Almen, sonnige, windstille Grate und Hänge
Verbreitung:	Alpen (vorwiegend Westalpen)

GESCHÜTZT!

KLEBRIGE PRIMEL

Primula glutinosa

Familie:	Primelgewächse – Primulaceae
Stengel:	2–8 cm hoch, rund, gelb – grün oder hellbraun bis rötlich, drüsig – klebrig
Blätter:	grundständig, rosettig, lanzettlich bis keilförmig, vorne gezähnt, grün, drüsig – klebrig, steif, mattglänzend
Blüten:	mehrblütige Dolde, endständig, Einzelblütchen 10–20 mm Durchmesser, fünf Kronblättchen, herzförmig, zweilappig, leicht eingerandet, blau – violett, Schlundeingang weißlich drüsenhaarig mit dunklerem Ring, aromatisch duftend!
Blütezeit:	Juli–August
Standort:	1800–3000 m, kalkarme, neutrale Böden, steinige, überwachsene Grate, Feinschutthalden, Schneetälchen, Feingeröll, sandige Matten zerstreut! örtlich größere Bestände, gesellig
Verbreitung:	Alpen (Zentral-, südliche Ostalpen)

GESCHÜTZT!

ALPEN-SOLDANELLE

Soldanella alpina

Familie:	Primelgewächse – Primulaceae
Stengel:	5–15 cm hoch, aufrecht oder bogig aufsteigend, rund, zart, braun – rot, kahl, blattlos, oben gebogen
Blätter:	grundständig, gestielt, nierenförmig – rundlich, ganzrandig, grün, mattglänzend, an der Basis eingeschnitten, Unterseite mattgrün
Blüten:	eine bis drei Blüten am Stengel, trichterförmig – glockig, tief gefranst, blauviolett, seltener weiß, nickend, fünf Kelchblättchen, lanzettlich, abstehend, grün – braun, Stempel weit aus der Blüte ragend, lang – spitz
Blütezeit:	April–August (entsprechend der Schneeschmelze)
Standort:	1200–2800 m, auf kalkhaltigen, feuchten Böden, lehmige Matten, Bergwiesen, Almen, Schneetälchen ziemlich häufig! gebietsweise große Bestände
Verbreitung:	Alpen, Apennin, Pyrenäen

ALPEN-STIEFMÜTTERCHEN

Viola alpina

Familie:	Veilchengewächse – Violaceae
Stengel:	2–4 cm hoch, dunkelgrün, kahl, grundständige Blütenstiele vielfach aus verzweigtem Erdstock
Blätter:	grundständig, rosettig, eiförmig, gekerbt, grasgrün, Nebenblätter mit dem Blattstiel verwachsen
Blüten:	endständig, einzeln, auffallend groß, 3–4 cm Durchmesser, leuchtend bis tiefviolett, hellgelbe Saftmale
Blütezeit:	Juni–Oktober
Standort:	1500–2400 m, nur auf Kalkböden, steinige Wiesen und Almböden, Schutthalden, Hochkare, felsige Standorte nicht häufig, jedoch gesellig!
Verbreitung:	Alpen, Karpaten
Bemerkung:	Die Farbmarkierungen und Saftmale erleichtern den Insekten das Auffinden der Nektarquelle.

Wiese mit Frühlings-Krokus
im Hochtal bei Kelmen, Lechtaler Alpen, Tirol

KLEINSTES ALPENGLÖCKCHEN

(kleinste Soldanelle)

Soldanella minima

Familie:	Primelgewächse – Primulaceae
Stengel:	3–8 cm hoch, aufrecht, zart, rund, bräunlich bis rötlich, spärlich drüsig, flaumig, unverzweigt, unbeblättert
Blätter:	grundständig, gestielt, rundlich, sehr klein, unter 1 cm Durchmesser, sattgrün, etwas fleischig, oberseits wachsartig überzogen, ganzrandig, nur wenige bei einer Pflanze
Blüten:	meistens nur eine Blüte, endständig, nickend, trichterförmig – glockig, 1–1,5 cm lang, Krone bis auf ca. ein Drittel geschlitzt, weiß, seltener blaßlila, keine Schüppchen im Schlunde, abgerundete Staubblätter, innen gestreift, Kelch sehr klein, fünf lanzettliche Zipfel, blaßgrün bis trübweiß, nicht selten rötlich überlaufene, abstehende Spitzen
Blütezeit:	Mai–Juli
Standort:	2000–2500 m, auf kalkreichen, feuchten Böden, Schneetälchen, Schuttkegel, Rieselfluren, feuchter Gesteinsschutt, Felsspalten selten!
Verbreitung:	Alpen, Abruzzen (bevorzugt Südostalpen)

GESCHÜTZT!

ALPEN-ANEMONE

Pulsatilla alpina

Familie:	Hahnenfußgewächse – Ranunculaceae
Stengel:	15–50 cm hoch, aufrecht, rund, stark, grün, behaart, beblättert
Blätter:	grundständig, gestielt, handförmig geteilt, gelappt, gesägt, grün; Hochblätter im ersten Stengeldrittel, dreizählig, gefiedert, gesägt, behaart
Blüten:	endständig, einzeln, seltener drei, 50–70 mm Durchmesser, meist sechs Kronblätter, eiförmig – länglich, leicht ausgerandet, weiß, außen zart blauviolett, behaart, zahlreiche Staubblättchen, goldgelb; Fruchtstand: langhaarig, wollig, grau – braun, aufrecht (Flugorgane der Samen)
Blütezeit:	Mai–Juli
Standort:	1500–2700 m, auf kalkhaltigen, lehmigen Böden, Bergwiesen, steinige, überwachsene Halden, Rasenbänder, Krummholzrand, Hochmähder nicht häufig!
Verbreitung:	Alpen, Apennin, Pyrenäen

GESCHÜTZT!

NARZISSENBLÜTIGE ANEMONE

Anemone narcissiflora

Familie:	Hahnenfußgewächse – Ranunculaceae
Stengel:	20–50 cm hoch, aufrecht, stark, rund, behaart, grün, beblättert
Blätter:	grundständig, langgestielt, handförmig, tief fiederspaltig, gezähnt, grün, behaart; drei Hochblätter, eingerandet, sitzend, stark behaart, dunkelgrün
Blüten:	endständige Dolde, Einzelblüten gestielt, aufrecht, sechs bis acht Kronblätter, verkehrt eiförmig bis rundlich, weiß, außen zartrosa bis hellviolett, Blütendurchmesser 15–30 mm, ausgebreitet, Staubblättchen zahlreich, goldgelb
Blütezeit:	Mai–Juli
Standort:	1500–2200 m, auf Kalk- und Silikatböden, nährstoffreiche Bergwiesen, Matten, Halden, Krummholzfluren, bewachsene Grate zerstreut! gesellig, gebietsweiße größere Bestände
Verbreitung:	Alpen, Apennin, Pyrenäen

GESCHÜTZT!

EDELWEISS

Leontopodium alpinum

Familie:	Korbblütler – Asteraceae
Stengel:	5–20 cm hoch, aufrecht oder aufsteigend, rund, grün, weißwollig behaart, beblättert, teilweise mehrere aus einem Wurzelstock
Blätter:	grundständig, rosettig, lang – linealisch – lanzettlich, grün, ganzrandig, weißwollig behaart; Stengelblättchen wechselständig, lanzettlich – linealisch, sitzend, stumpf, stark wollig behaart
Blüten:	in drei bis zwölf kleinen Körbchen, endständig, grau bis gelblichbraun, nur Röhrenblütchen, sehr klein, unscheinbar; Blütenkörbchen sternförmig umgeben von lanzettlichen Hochblättern, ausgebreitet, schmal, ganzrandig, unterschiedlich lang, dicht weißwollig behaart
Blütezeit:	Juli–September
Standort:	1800–3500 m, sonnige, steinige Böden, an Felsen, Spalten, Hochmähder, Bergwiesen, Grate, besonders Nacktriedrasen ziemlich selten! örtlich gesellig
Verbreitung:	Alpen, Apennin, Pyrenäen

GESCHÜTZT!

WEISSER GERMER

Veratrum album

Familie:	Liliengewächse – Liliaceae
Stengel:	40–140 cm hoch, aufrecht, kräftig, grün, beblättert, behaart, oben verzweigt
Blätter:	wechselständig, stengelumfassend, sehr groß, breit – lanzettlich, parallelnervig, grün
Blüten:	ährig auch an den Zweigen, kurzgestielt, Krone mit sechs Blütenblättchen, eiförmig spitz, ausgebreitet, grüngelb bis trübe weißlich, Schlund dunkler; Kelch unscheinbar, Staubblättchen ockergelb
Blütezeit:	Juli–August
Standort:	800–2700 m, feuchte, lehmige Böden, Almen, Weiden, Bergwiesen, Lägerstellen häufig!
Verbreitung:	Alpen
Hinweis:	Ganze Pflanze sehr giftig, auch nur Berührung führt zu Vergiftungserscheinungen!

ALPEN-HAHNENFUSS

Ranunculus alpestris

Familie:	Hahnenfußgewächse – Ranunculaceae
Stengel:	5–12 cm hoch, aufrecht, rund, leicht gefurcht, grün, kahl, zart
Blätter:	grundständig, langgestielt, handförmig, drei bis fünflappig, Zipfel gekerbt, am Grunde herzförmig, grün, oberseits fettglänzend
Blüten:	endständig, einzeln, 15–25 mm im Durchmesser, fünf Kronblättchen, herzförmig, teils ausgerandet, reinweiß, zahlreiche Staubblättchen, gelb; Kelchblättchen klein, anliegend, grün
Blütezeit:	Juni–September
Standort:	1800–2900 m, auf kalkhaltigen, wechselfeuchten Böden, steinige Halden, Bergwiesen, Schneetälchen, Feinschutthalden, Verlandungsgebiete, Moränen zerstreut! gebietsweise größere Bestände
Verbreitung:	Alpen, Apennin, Pyrenäen, Jura

GLETSCHER-HAHNENFUSS

Ranunculus glacialis

Familie:	Hahnenfußgewächse – Ranunculaceae
Stengel:	4–12 cm hoch, aufrecht oder aufsteigend, stark, leicht kantig, grün, rotbraun überlaufen, beblättert
Blätter:	grundständig, rosettig, gestielt, dreizählig gefiedert, Fiederläppchen rundlich, stumpf, dunkelgrün, oberseits glänzend; Stengelblättchen kleiner, dreiteilig, sitzend, Einzellappen lanzettlich
Blüten:	eine oder mehrere endständig, 20–30 mm Durchmesser, fünf Kronblätter, verkehrt eiförmig rundlich, weiß, öfters in fortgeschrittenem Blütenstadium rosa bis rot, zahlreiche Staubblättchen, goldgelb; fünf Kelchblättchen, eiförmig, unterseits dunkelbraun, schwärzlich behaart
Blütezeit:	Juli–August
Standort:	2100–4200 m, auf Kalk- und Silikatgestein, Felsspalten, Moränen, Steinkare, Grate, Schneetälchen, Feinschuttplätze nicht häufig!
Verbreitung:	Alpen, Pyrenäen, Karpaten, Island, Grönland
Bemerkung:	Ranunculus glacialis ist eine der vier Blütenpflanzen der Alpen, die noch in über 4000 m vorkommen!

BREITBLÄTTRIGES HORNKRAUT

Cerastium latifolium

Familie:	Nelkengewächse – Caryophyllaceae
Stengel:	3–7 cm hoch, aufrecht oder hängend, beblättert, grün, lockerrasig, lange, niederliegende, etwas aufsteigende Triebe, Stengel wollig behaart
Blätter:	gegenständig, eiförmig – lanzettlich, sitzend, blaugrün, wollig behaart, mit Drüsenhaaren besetzt
Blüten:	endständig, mit fünf Kronblättern, zweispaltig, weiß, etwas dunkler geadert, 1–3 cm Durchmesser, zehn Staubblättchen, fünf Griffel, blaßgelb, Kelch kurz, grün, kurzdrüsig behaart
Blütezeit:	Juli–August
Standort:	1700–3400 m, auf Kalkböden, zwischen Felsblöcken, Felsspalten, Geröllhalden, Täschelkrautfluren, Grate nicht häufig! in Rudeln und kleinen Rasenbeständen!
Verbreitung:	Alpen, Apennin

BRAND-KNABENKRAUT

Orchis ustulata

Familie:	Knabenkräuter – Orchidaceae
Stengel:	8–25 cm hoch, aufrecht, rund, grün, beblättert, etwas fleischig, unverzweigt
Blätter:	meistens zwei bis vier rosettig, länglich – oval, spitz, fleischig, grün, parallelnervig, scheidenartig am Stengel herablaufend, ganzrandig, wintergrün, jedoch nicht frosthart!
Blüten:	vielblütige, kugelförmige bis walzliche Ähre, teilweise oben abgerundete Zylinderform, Einzelblütchen mit typischer Orchideenform, obere Blütenblätter helmförmig zusammengeneigt, rotviolett bis purpurn; Unterlippe dreizipfelig, weiß mit roten Malen, blüht von unten nach oben, Knospen dunkelpurpurn bis rotbraun, Blütenähre scheint oben purpur – braun überlaufen; zylindrisch, stumpfer Sporn, abwärts gebogen, angenehm duftend!
Blütezeit:	Mai–Juli
Standort:	1000–2000 m, auf kalkhaltigen Böden, magere Weiden und Bergwiesen, Almböden und Hänge, nicht häufig! gebietsweise völlig fehlend
Verbreitung:	Alpen, Pyrenäen, Apennin

GESCHÜTZT!

FRÜHLINGS-KÜCHENSCHELLE

(Pelzanemone)

Pulsatilla vernalis

Familie:	Hahnenfußgewächse – Ranunculaceae
Stengel:	bis 15 cm hoch, bogig aufsteigend, rund, grün – braun, beblättert, stark goldfarbig – flaumig behaart
Blätter:	grundständig, gestielt, mehrlappig, gefiedert, grün, behaart; am Stengel unter der Blüte drei quirlständige Blätter mit langen – linealischen Fiederabschnitten, grün – braun, sehr stark, wie der Stengel behaart
Blüten:	einzeln, groß, endständig, sechs Blütenblätter, eiförmig, spitz, innen weiß, außen rosa – violett angehaucht, goldfarben behaart, im Mittel zahlreiche, leuchtend gelbe Staubblätter, im aufgeblühten Zustand aufrecht
Blütezeit:	April–Juli (je nach Schneeschmelze)
Standort:	1000–3000 m, auf warmen, sonnigen Böden, Bergwiesen, bewachsene Grate, Almen, Matten eher selten! gesellig
Verbreitung:	Alpen, Pyrenäen, Norwegen
Bemerkung:	der Name Küchenschelle wurde abgeleitet von »Kühchenschelle«

GESCHÜTZT!

SPÄTE FALTENLILIE

Lloydia serotina

Familie:	Liliengewächse – Liliaceae
Stengel:	5–10 cm hoch, aufrecht, zart, grün – braun, beblättert, kahl
Blätter:	grundständig, nicht selten so lang wie der Stengel, schmal – lineal, grasartig, etwas fleischig, grün; Stengelblätter meist zwei, wechselständig, schmallanzettlich, sitzend, herablaufend, hellgrün
Blüten:	endständig, einzeln, ca. 1,5 cm im Durchmesser, aufrecht, sechs Kronblätter, eiförmig – länglich, trichterförmig, weiß mit drei rötlichen Streifen, am Grunde innen und außen leicht gelb – braun; sechs Staubblättchen, hellgelb, etwas länger als der Griffel
Blütezeit:	Juli–August
Standort:	2000–3000 m, auf kalkarmen, humussauren, steinigen Böden, etwas feuchte, halbschattige Lagen, an Felsen, Felsbänder, windige Grate, Zwergstrauchheiden, Moosrasen vereinzelt, gebietsweise fehlend!
Verbreitung:	Alpen

PARADIES-LILIE

Paradisia liliastrum

Familie:	Liliengewächse – Liliaceae
Stengel:	30–50 cm hoch, aufrecht, stark, rund, grün, kahl, unverzweigt
Blätter:	grundständig, sehr lang, schmal, spitz, aufrecht, nicht rinnig, grün, grasartig; Stengelblättchen sitzend, lanzettlich, aufrecht
Blüten:	in wenigblütiger, einseitswendiger Traube, Einzelblüte 40–50 mm lang, 30–50 mm Durchmesser, trichterförmig glockig, fünf bis sechs Blütenzipfel, tief eingeschnitten, lang, stumpf, reinweiß, an kurzen Stielchen aus den Blattachseln kleiner, lanzettlicher Tragblättchen, leicht nickend; sechs Staubblättchen, goldgelb; Knospen keilförmig, aufrecht, weiß
Blütezeit:	Juni–Juli
Standort:	800–2300 m, auf kalkhaltigen, nährstoffreichen Böden, warme Bergwiesen, lehmige Weiden, lichte Gebüsche, steinige Halden selten! örtlich kleinere Bestände
Verbreitung:	Alpen, Apennin, Pyrenäen (Westalpen, südliche und nördliche Kalkalpen)

SCHWEIZER MANNSSCHILD

Androsace helvetica

Familie:	Primelgewächse – Primulaceae Halbkugelige Polster, sehr dicht stehende Pflänzchen, silbergrau – grün, winzige Stengelchen, dachziegelartig beblättert; Pflanze sehr langsam wüchsig, Lebensalter bis zu 60 Jahren
Blätter:	dachziegelartig an den Stengelchen, rosettig, sehr klein, grün, dicht wollig behaart, silbergrau erscheinend
Blüten:	endständig, sehr klein, 4–6 mm im Durchmesser, fünf Kronblättchen, verkehrt eiförmig – rundlich, ausgebreitet, weiß, Schlundring gelb, zur Hauptblütezeit ist die halbkugelige Polsteroberfläche dicht mit Blütchen besetzt!
Blütezeit:	Mai–Juli
Standort:	1800–3500 m, auf kalkhaltigem Gestein, an Felsen, feinste Spalten, Grate; beispielhafte Anpassung ermöglicht dieser Pflanze, viele Jahrzehnte lang extremste Witterungseinflüsse zu überdauern! zerstreut!
Verbreitung:	Alpen (nordwestliche Kalkalpen und Dolomiten)

GESCHÜTZT!

ZOTTIGER MANNSSCHILD

Androsace villosa

Familie:	Primelgewächse – Primulaceae
Stengel:	4–7 cm hoch, aufrecht, zart, rund, braun, zottig behaart, blattlos, unverzweigt
Blätter:	in grundständiger Rosette, halbkugelförmig angeordnet, klein, breit – lanzettlich, spitz, grün, mit langen Silberhaaren
Blüten:	in wenigblütigen Dolden, endständig, Einzelblütchen 7–10 mm Durchmesser, fünf Blütenblättchen, eiförmig – rundlich, ganzrandig, ausgebreitet, reinweiß, öfters auch leicht rosa, Schlundring rot oder goldgelb, Kelchblättchen klein, breit lanzettlich, anliegend, grün, stark silbergrau behaart
Blütezeit:	Mai–Juli
Standort:	900–3000 m, auf kalkhaltigen, steinigen Böden, Bergwiesen, Weiden, Schutthalden, Grate, Felsspalten, Magerwiesen, Felsfluren zerstreut! gesellig, örtlich halbkugelige Polster
Verbreitung:	Alpen, Apennin, Pyrenäen

GESCHÜTZT!

SENDTNERS ALPENMOHN

Papaver sendtneri

Familie:	Mohngewächse – Papaveraceae
Stengel:	10–30 cm hoch, aufrecht, rund, zart, hellgrün, mit steifen, schwarzen Haaren besetzt
Blätter:	grundständig, rosettig, gehäuft, sehr fein fiederteilig, mit schmallinealen Zipfeln, graugrün, behaart
Blüten:	endständig, einzeln, groß, 40–60 mm Durchmesser, meistens vier Kronblätter, verkehrt eiförmig – rundlich, sehr breit, ganzrandig, weiß, anfangs etwas zerknittert, seidenglänzend, Staubblätter zahlreich, gelb, Fruchtknoten verdeckt; zwei Kelchblätter, halbschalig, grün, schwarzborstig behaart, fallen beim Aufblühen ab
Blütezeit:	Juli–August
Standort:	1800–2600 m, auf Kalkgestein, Schotterhalden, Felsgeröll, an Felsen, Felsbänder nicht häufig!
Verbreitung:	Alpen (nördliche Kalkalpen)

GESCHÜTZT!

SCHNEEROSE

Helleborus niger

Familie:	Hahnenfußgewächse – Ranunculaceae
Stengel:	6–25 cm hoch, aufrecht, stark, rund, grün bis rotbraun, kahl, beblättert (drei Hochblätter)
Blätter:	grundständig, sehr groß, gestielt, handförmig, fünf- bis neunspaltig, gezähnt, grün, lederig, winterhart, Einzellappen lang, verkehrt eiförmig, zum Stiel verschmälert
Blüten:	eine bis drei an einem Stengel, 4–10 cm Durchmesser, Kelchblätter eiförmig, eingerandet, schneeweiß, außen rötlich überlaufen, röhrige Honigblättchen, gelbgrün, zahlreiche Staubblättchen, goldgelb, weit aus der Blüte ragend
Blütezeit:	Dezember–Mai
Standort:	600–1800 m, auf kalkhaltigen, etwas feuchten Böden, Wiesen, Waldränder, Lichtungen nicht häufig! gebietsweise völlig fehlend, sonst gesellig
Verbreitung:	Ostalpen, Apennin

GESCHÜTZT! GIFTIG!

KORIANDERBLÄTTRIGE SCHMUCKBLUME

Callianthemum coriandrifolium

Familie:	Hahnenfußgewächse – Ranunculaceae
Stengel:	6–20 cm hoch, aufrecht, grün-bräunlich, kahl
Blätter:	Grundblätter langgestielt, dreifach fiederschnittig, sattgrün
Blüten:	endständig, einblütig, bis 3 cm Durchmesser, fünf grünliche Kelchblätter, 8–13 Kronblätter, ausgerandet, breit oval, weiß, umgeben zahlreiche gelbe Staubgefäße
Blütezeit:	Juni–August
Standort:	1800–2600 m, auf Kalk- und Dolomitgestein, Bergwiesen, steinige Hänge, Legföhrengebüsch in Gruppen, jedoch nicht häufig!
Verbreitung:	Alpen, Pyrenäen

MOOS-STEINBRECH

Saxifraga bryoides

Familie:	Steinbrechgewächse – Saxifragaceae
	Polsterpflanze, moosartig, dicht, grün, Stengelchen bis 6 cm hoch, beblättert
Blätter:	Grundblätter lineal-lanzettlich, spitz, am Rande gewimpert, moosartig, rosettig, grün, Stengelblätter klein, anliegend, unscheinbar
Blüten:	endständig, einblütig, fünf Kronblätter 4–6 mm lang, elliptisch-spitz, sternförmig, cremefarben, am Grunde dunkler beige, zehn Staubblätter, Kelch stachelspitzig
Blütezeit:	Juli–August
Standort:	1900–4000 m, auf Silikat- und Schieferschutt, Gletschermoränen, Felsspalten, kalkarme Schutthalden selten!
Verbreitung:	Alpen, Pyrenäen, Karpaten, Balkan (Aufnahme Lechtaler Alpen)
Bemerkung:	Saxifraga bryoides gehört zu den höchststeigenden Blütenpflanzen der Alpen (bis 4200 m).

GÄNZLICH GESCHÜTZT!

LANGBLÄTTRIGER STEINBRECH

Saxifraga longifolia

Familie:	Steinbrechgewächse – Saxifragaceae
Stengel:	25–50 cm hoch, aufrecht oder bogig aufsteigend, zart, rund, grün – braun, ästig, kahl
Blätter:	grundständig, rosettig, länglich – spatelförmig, teilweise keilförmig, fleischig, grün, Rand kalkdrüsig, 30–70 mm lang, Unterseite mattgrün, drei bis fünf Zähnchen, kurz gestielt
Blüten:	in besonders langen, lockeren Trauben, zylindrisch um den Stengel, Einzelblütchen gestielt, 7–12 mm Durchmesser, fünf Kronblättchen, verkehrt – eiförmig, weiß, winzige Staubblättchen, gelb
Blütezeit:	Juli–August
Standort:	900–2400 m, auf kalkhaltigen, steinigen Böden, Felsspalten, Geröllhalden, Felsbänder, Blockhalden sehr selten!
Verbreitung:	Alpen, Pyrenäen

GESCHÜTZT!

TRAUBEN-STEINBRECH

Saxifraga paniculata

Familie:	Steinbrechgewächse – Saxifragaceae
Stengel:	10–35 cm hoch, aufrecht oder aufsteigend, rund, ästig, zart, braunrot; gering beblättert, drüsig behaart, teilweise polsterartig
Blätter:	rosettig, klein, lineal, stumpf, gezähnt, grün, am Rand kalkdrüsig; Stengelblättchen vereinzelt, wechselständig, klein, drüsig, grün
Blüten:	in dichter Rispe, Einzelblütchen klein, ca. 6–12 mm im Durchmesser, fünf Kronblättchen, verkehrt spatelförmig, strahlig ausgebreitet, gelblich-weiß, teilweise purpurn gepunktet; Staubblättchen, kurz, goldgelb
Blütezeit:	Juni–August
Standort:	bis 3000 m, an Felsen, Felsblöcken, Steinrasen, Moränen ziemlich häufig!
Verbreitung:	Alpen, Pyrenäen, Apennin

GESCHÜTZT!

LANGBLÄTTRIGES WALDVÖGLEIN

Cephalantera longifolia

Familie:	Orchideengewächse – Orchidaceae
Stengel:	15–50 cm hoch, aufrecht, rund, stark, kahl, grün, beblättert
Blätter:	wechselständig, sitzend, lang, schmal – lanzettlich, spitz, fleischig, parallelnervig, grün; Tragblättchen schmal – lanzettlich, sitzend, grün
Blüten:	in lockerer, walzlicher Ähre, Einzelblütchen 15–20 mm lang, milchweiß, Perigonblätter glockig zusammenneigend, meistens nur mäßig offen, Lippe zweiteilig, spornlos, Fruchtknoten gedreht, ersetzt Blütenstiel, wenige Staubblättchen, goldgelb, kurz, Blüten öfters außen leicht rötlich gepunktet
Blütezeit:	Mai–Juni
Standort:	bis 1400 m, vorzugsweise auf kalkhaltigen Böden, lichte Wälder, Wald- und Gebüschrand, halbschattige Halden, Lichtungen eher selten!
Verbreitung:	Alpen, Pyrenäen, Skandinavien

GESCHÜTZT!

WOHLRIECHENDE WEISSWURZ

(Salomonsiegel)

Polygonatum odoratum

Familie:	Liliengewächse – Liliaceae
Stengel:	15–45 cm hoch, bogig aufsteigend, beblättert, kantig
Blätter:	wechselständig, länglich-eiförmig, halbstengelumfassend, längsnervig, fleischig, sattgrün
Blüten:	einseitswendige Traube, einzeln hängend, röhrig-glockig, gestielt, Perigonblättchen weiß mit grünem Saum
Blütezeit:	Mai–Juni
Standort:	600–2000 m, steinige Halden, buschige Abhänge, lichte Wälder, Waldrand
Verbreitung:	Alpen, Apennin, Norwegen

ALPEN-WUCHERBLUME

Leucanthemopsis alpina

Familie:	Korbblütler – Asteraccae
Stengel:	6–15 cm hoch, aufrecht, rund, zart, grün, beblättert, mehrere aus einem Wurzelstock, rasenbildend
Blätter:	grundständig, gestielt, tief fiederspaltig, die unteren am Stengel keilförmig, grün; obere Stengelblätter schmallanzettlich, ganzrandig, sitzend
Blüten:	endständig, einzeln, groß, 25–40 mm Durchmesser, Zungenblüten lineal, stumpf, weiß umgeben, goldgelbe Röhrenblütchen; Hüllblättchen halbkugelig, grün, dunkel berandet, behaart
Blütezeit:	Juli–August
Standort:	1800–3200 m, kalkarme, humusreiche Böden, auf Schieferschutt, Moränen, Schneetälchen, Geröll, bewachsene Grate, Matten häufig! rudelweise
Verbreitung:	Alpen, Apennin, Pyrenäen

Kleine Pflanzenkunde

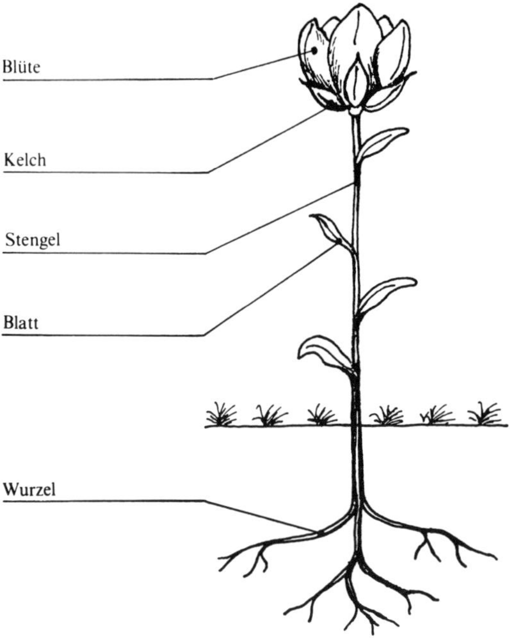

Pflanze

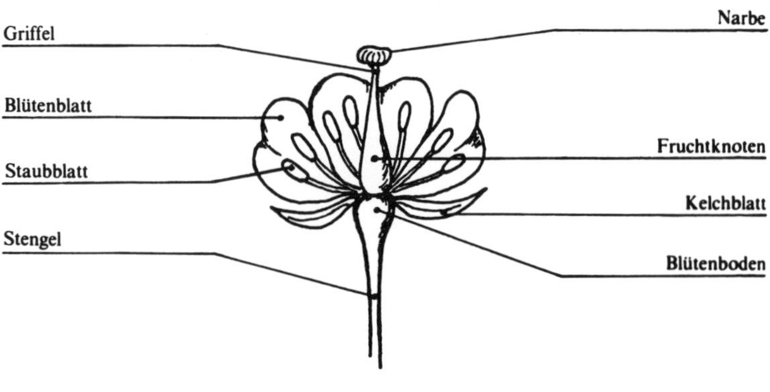

STENGEL

sparrig verzweigt

mit Knoten

kantig

gefurcht

aufrecht

niederliegend

aufsteigend

BLATTSTELLUNG

rosettig

wechselständig

gegenständig

quirlständig

BLATTANSATZ

gestielt

sitzend

Stengel umfassend

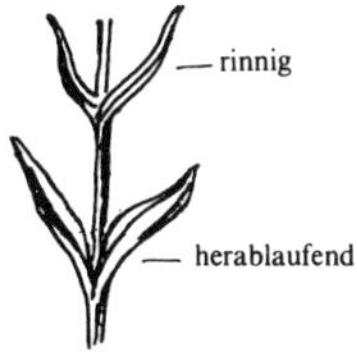

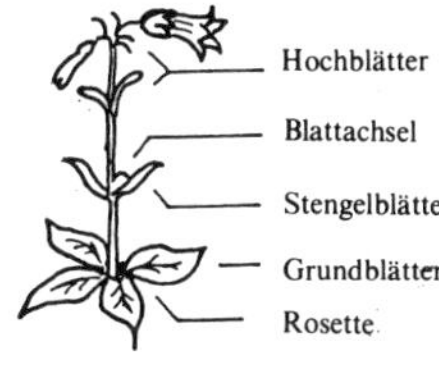

BLATTFORM

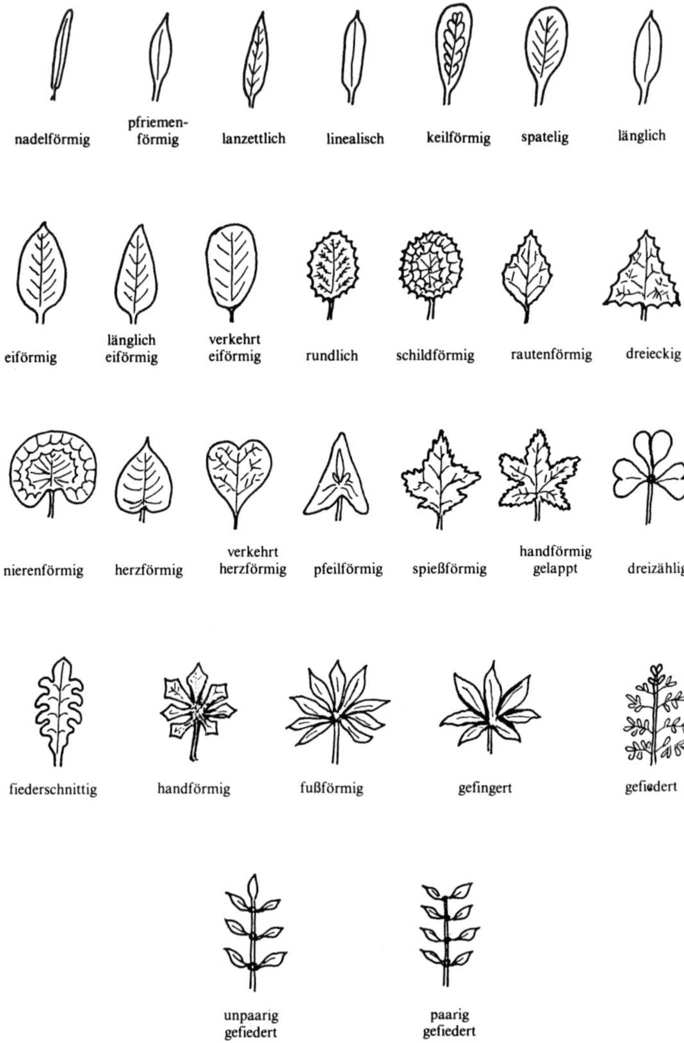
nadelförmig
pfriemen-
förmig
lanzettlich
linealisch
keilförmig
spatelig
länglich
eiförmig
länglich
eiförmig
verkehrt
eiförmig
rundlich
schildförmig
rautenförmig
dreieckig
nierenförmig
herzförmig
verkehrt
herzförmig
pfeilförmig
spießförmig
handförmig
gelappt
dreizählig
fiederschnittig
handförmig
fußförmig
gefingert
gefiedert
unpaarig
gefiedert
paarig
gefiedert

BLATTRAND

ganzrandig

gesägt

doppeltgesägt

gezähnt

gesägt-gezähnt

dornig-gezähnt

gekerbt

gebuchtet

schrotsägerandig

NERVATUR

fiedernervig

netznervig

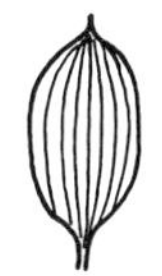
parallnervig

KELCH

verwachsen

bauchig

getrenntblättrig

aufgeblasen

zweilippig

nervig

Außenkelch

mit Schuppe

BLÜTENSTÄNDE

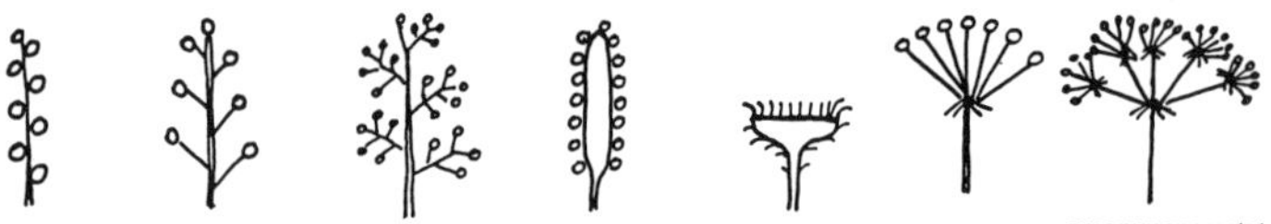

Ähre | Traube | Rispe | Kolben | Körbchen | Dolde | zusammengesetzte Dolde

Scheindolden (Trugdolden)

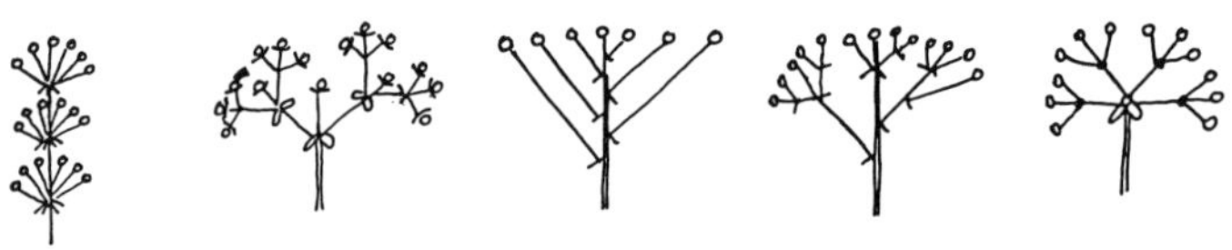

Quirle | Dichasium | Doldentraube | Doldenrispe | Knäuel

Körbchen

Köpfchen

BLÜTE

Zungenblüte | Röhrenblüte | Zungenblüten außen Röhrenblüten innen | Blüte nickend | Blüte mit Schlund

flach | getrenntblättrig | glockig | Lippenblüte | Veilchen

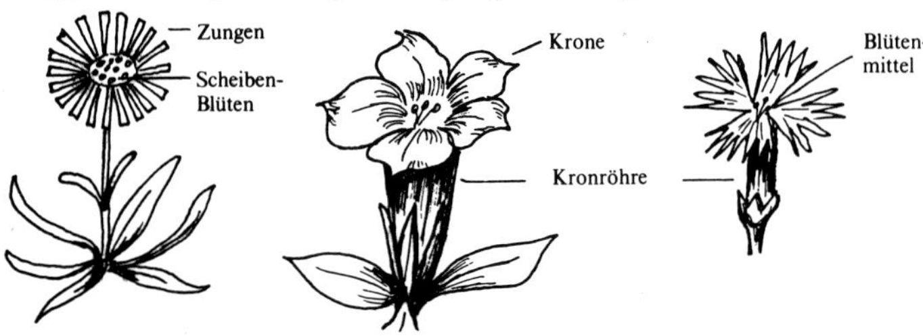

BLÜTENBLATT

ausgerandet | eingeschnitten | zerschlitzt | gefranst

ORCHIDEEN

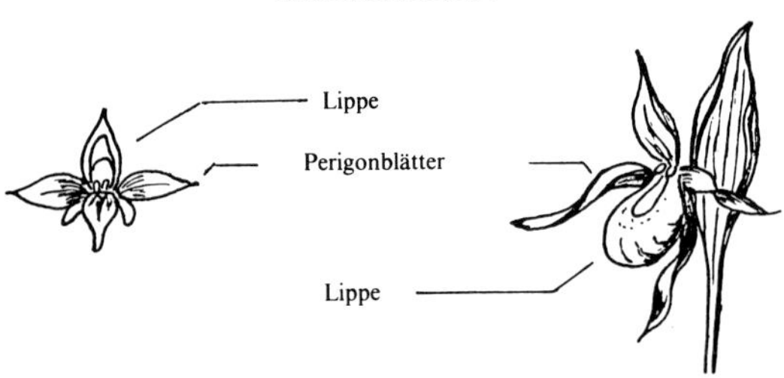

Verzeichnis der abgebildeten Pflanzen

alphabetisch geordnet

INHALT

Umschlagseite hinten:
Arnika